JN082807

プレゼンテーションの作成

祢々 著

職業訓練法人H&A

◇ 発行にあたって

当法人では、人材育成に係る教材開発を手掛けており、本書は愛知県刈谷市にありますARMS株式会社（ARMS研修センター）の新入社員研修を進行する上で使用するテキストとして編集いたしました。

ARMS研修センターの新入社員研修の教育プログラムでは、営業コースをはじめ、オフィスビジネスコース、機械加工コース、プレス溶接加工コース、樹脂加工コースなど全18種類の豊富なコースを提供しております。また、昨今の新型コロナウイルス感染拡大を受け、Zoom※でのネット受講でも使用できるように、できる限りわかりやすくまとめましたが、対面授業で使用するテキストを想定しているため、内容に不備があることもございます。その点、ご理解をいただければと思います。

本書では新入社員研修の内容をご理解いただき、日本の将来を背負う新入社員の教育に役立てていただければ幸いです。

最後に、本書の刊行に際して、ご多忙にもかかわらずご協力をいただいたご執筆者の方々に心から御礼申し上げます。

2021年3月
職業訓練法人　H&A

※Zoomは、パソコンやスマートフォンを使って、セミナーやミーティングをオンラインで開催するために開発されたアプリです。

◇ 目次

第１章　プレゼンテーションの基本

第２章　PowerPoint の基本

第3章　プレゼンテーションの作成

第4章　スライドの編集

第５章　表やグラフの挿入

第６章　図形の作成

第７章　写真や画像の挿入

第８章　スライドに動きをつける

第９章　スライドショーの実行

第１０章　スライドの配布

第１１章　応用テクニック

第 1 章

プレゼンテーションの基本

01 プレゼンテーションとは

プレゼンテーションとは、伝え手の考えや商品を聞き手に伝え、理解してもらい、行動を起こしてもらう技術です。

自分の伝えたいことを一方的に主張するだけの行為はプレゼンテーションではありません。

プレゼンテーションで重要なのは、伝えた後になります。

① 伝える

② 理解してもらう

③ 行動してもらう

聞き手にいかにわかりやすく伝えるか、そして最終的に聞き手に何かしらの行動を起こしてもらうことが重要です。

また、プレゼンテーションを行う状況はビジネスに限ったことではありません。日常でもプレゼンテーションを行う機会はあり、どのようなシチュエーションでもプレゼンテーションの考え方は同じです。

プレゼンテーションができるようになることで、あなたへの信頼度がアップしたり、コミュニケーションがとりやすくなったりもします。

ビジネスパーソンに不可欠なプレゼンテーションスキルを積極的に身に付けましょう。

プレゼンテーションの例	どんな行動をして欲しいか
商品説明	購入して欲しい
今後の事業展開	自社の将来性に期待して欲しい
企画コンペ	自社の企画を選んで欲しい
会社説明会	自社に入社を希望して欲しい
採用面接	採用して欲しい
自己紹介	自分に興味を持って欲しい
プレゼンテーションの講習	学んだことを実践して欲しい

図表 1-1：プレゼンテーションでどんな行動をして欲しいか（例）

02 悪い資料と良い資料

資料作成にあたっては聞き手が何を知りたいのか、聞き手視点で考え作成をする必要があります。余分な話や要素は削ぎ落とし、必要な部分を残していくと自然にポイントも絞られ「伝わる」「理解できる」スライドになります。

1. 悪い資料

自分の言いたいことだけを言うプレゼンテーション資料は顕著な悪い例です。

そして、プレゼンテーションは見た目で判断されます。「見にくい」「雑な印象」「知りたいこととずれている」と感じた時に、たとえ優れた企画であったとしても聞き手に信用してもらえず伝わらない可能性があります。

図表 1-2：プレゼンテーションの悪い資料（例）

2. 良い資料

まずは聞き手が何を知りたいのか、聞き手視点に立って作成をしていく必要があります。

プレゼンテーションの核となる伝えたいメッセージがしっかりと設定されていることが重要です。しかも、その伝えたいメッセージは自己主張ばかりではなく、聞き手が知りたいポイントを押さえたものであることが必要です。

良いプレゼンテーション資料に、大袈裟なデザインは必要ありません。

図表 1-3：プレゼンテーションの良い資料（例）

03 プレゼンテーション資料作成のポイント

「では実際にプレゼンテーション資料を作成しましょう」となった時、あなたはどのような行動をしますか？

「紙とペンを出します」という方、正解です。いきなりPowerPointを起動して作成しようと思っても思考がまとまらず、何を伝えたいのか、何をしたらいいのかがわからない自己満足なプレゼンテーション資料が出来上がってしまいます。

聞き手は何を知りたいのかを考えながら、シナリオ作りから始めましょう。

1．シナリオ作りのポイント

何を聞き手に伝えたいかを整理し書き出してみましょう。

Why・・・なぜそのアイデアが必要か

What・・・どんなアイデアを提案するのか

Where・・・どこでアイデアを実施するのか

When・・・いつアイデアを実施するのか

Who・・・誰が実施するのか

How・・・どのようにアイデアを実現するのか

How much・・・いくらの予算で実施するのか

この整理を行うことで、（結局何が伝えたかったのだろう）という事故はなくなり、客観的に情報を判断することができるようになります。

2．ストーリーを組み立てる

ここで一番重要なことは、このプレゼンテーションで聞き手が受けるメリットやベネフィットを伝えることです。その根拠の確認や裏付けをとっておくことも必要です。聞き手が何を一番に必要としているか、聞き手の視点に立ち、しっかりと把握しながら構成を組み立てていきます。

「メリット」は商品・サービスの売りや特徴、「ベネフィット」は商品／サービスの購入によりお客様が受ける恩恵ということです。

3．プレゼンテーション構成への落とし込み

シナリオができたら、プレゼンテーション資料の構成に落とし込みます。

「1．シナリオ作りのポイント」で書き出した情報を、キーワードとして使用するのか、図形で表現するのか、グラフに表すのかを吟味して落とし込んでいきます。

落とし込む際には、以下の点の注意が必要です。

① 1スライド1メッセージ・・・何を伝えようとしているのか聞き手に考えさせるものではいけません。

② 主張→根拠→補足の順番・・・提案もスライドも、主張を最初に伝え、その根拠や補足に進みます。

③ スライド内の文字数は極力少なく・・・シンプルにわかりやすく、ぱっと見て理解ができることを目指します。

④ 誰にでもわかる言葉で伝える・・・あなたの仕事を全く知らない方に仕事のプレゼンテーションをするのなら、どんな言葉を使いますか？業界では使い慣れた横文字も、聞き手には初めての言葉かもしれません。

⑤ 聞き手にとってのメリットやベネフィットを伝える・・・聞き手が時間を割いてプレゼンテーションを聞いてくれるのは、聞き手が単に話を聞きたいからなのではなく、あなたのプレゼンテーションを聞くことで、「自分にとってどんなメリットがあるのか」「そのメリットによって自分がどのような良いことがあるのか」を知れるかもしれないと期待しているということを忘れないでください。

落とし込む際の5つの注意点
1スライド1メッセージ
主張→根拠→補足の順番
スライド内の文字数は極力少なく
誰にでもわかる言葉で伝える
相手にとってのメリットやベネフィットを伝える

図表 1-4：落とし込む際の 5 つの注意点

第 2 章

PowerPointの基本

01 PowerPoint でできること

PowerPoint では、大きく三つのことができます。

① 全体の構成を組み立て、スライドを作ること

② 表やグラフを使って視覚的にわかりやすい情報を掲載すること

③ スライドショーを実行して流れを作って伝えること

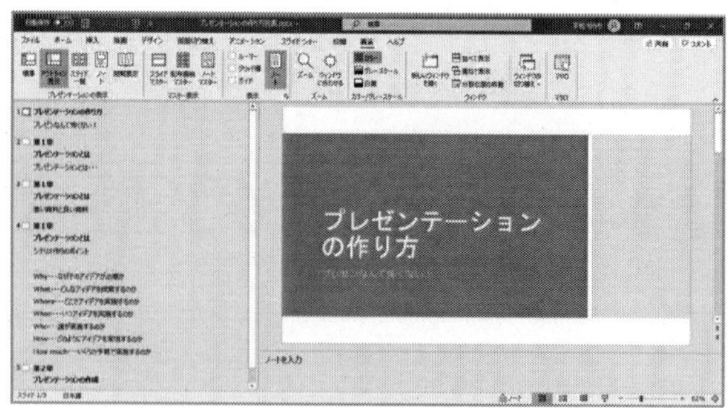

図表 2-1：全体の構成を考えながら

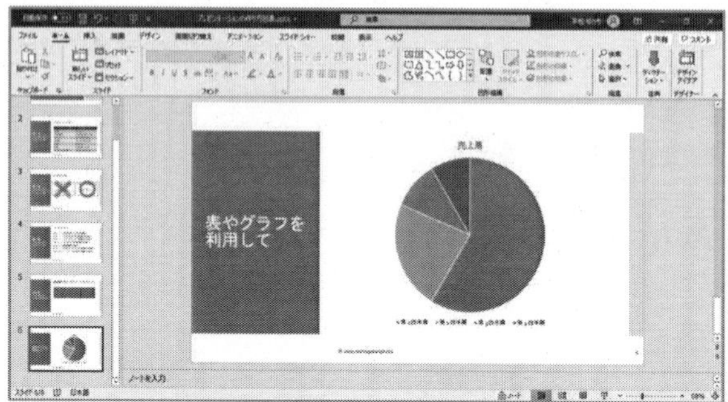

図表 2-2：表やグラフを使って

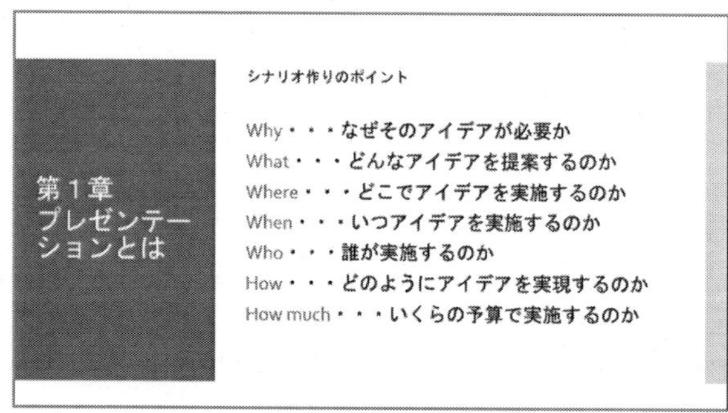

図表 2-3：スライドショーを実行して

02 PowerPoint の起動と終了

1. PowerPoint の起動

ソフトウェアを利用できる状態にすることを「起動」といいます。PowerPoint は Windows のスタートボタンから起動することができます。

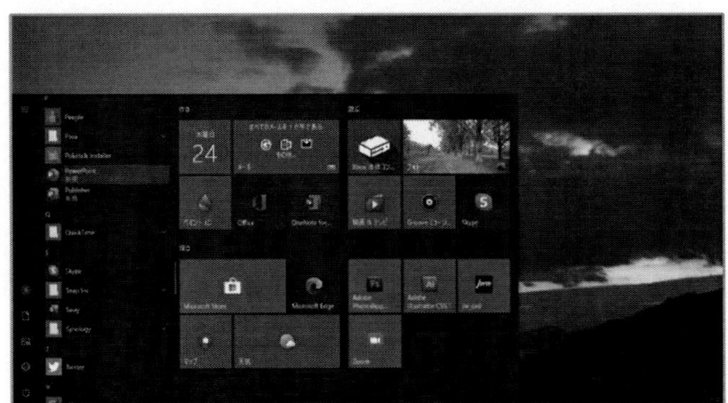

図表 2-4：スタートメニューを表示

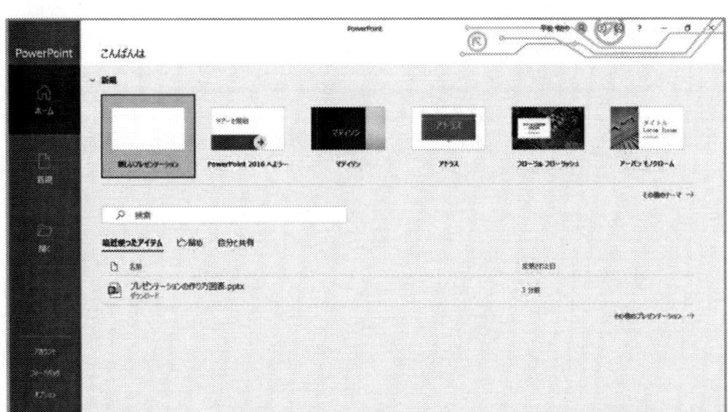

図表 2-5：PowerPoint が起動したときの表示

２．PowerPoint の終了

PowerPoint の右上にある［×］ボタンをクリックすると、PowerPoint を終了させることができます。ファイルの保存をしていない場合は、この時にファイルの保存を確認するメッセージが表示さます。ファイルを保存する場合は［保存］、保存しない場合は［保存しない］、操作を中止して元の画面に戻る場合は［キャンセル］ボタンをクリックします。

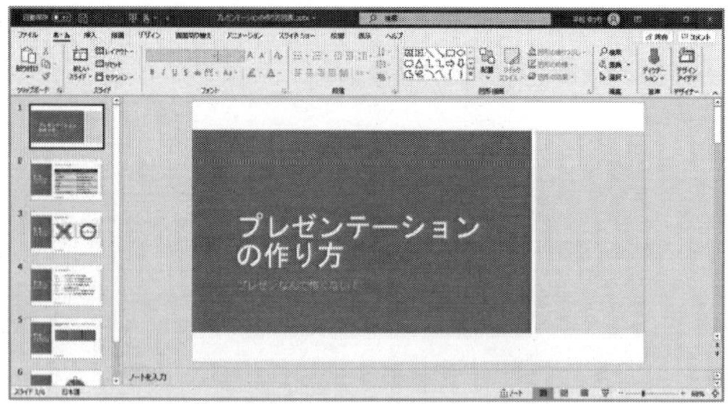

図表 2-6：右上の［×］ボタンを押します

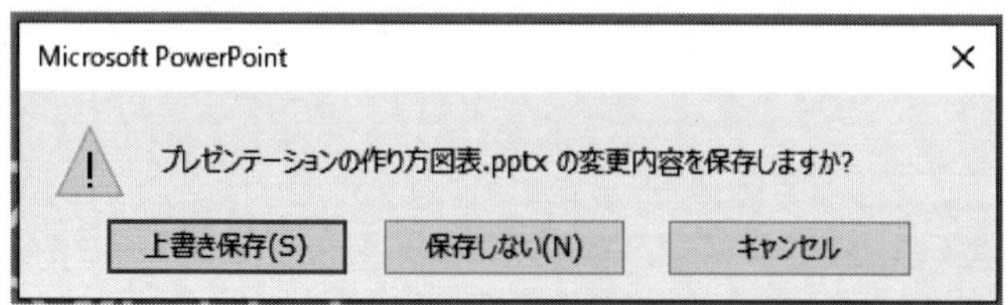

図表 2-7：ファイルの保存確認メッセージ

03 PowerPoint の画面構成

■ 各部名称

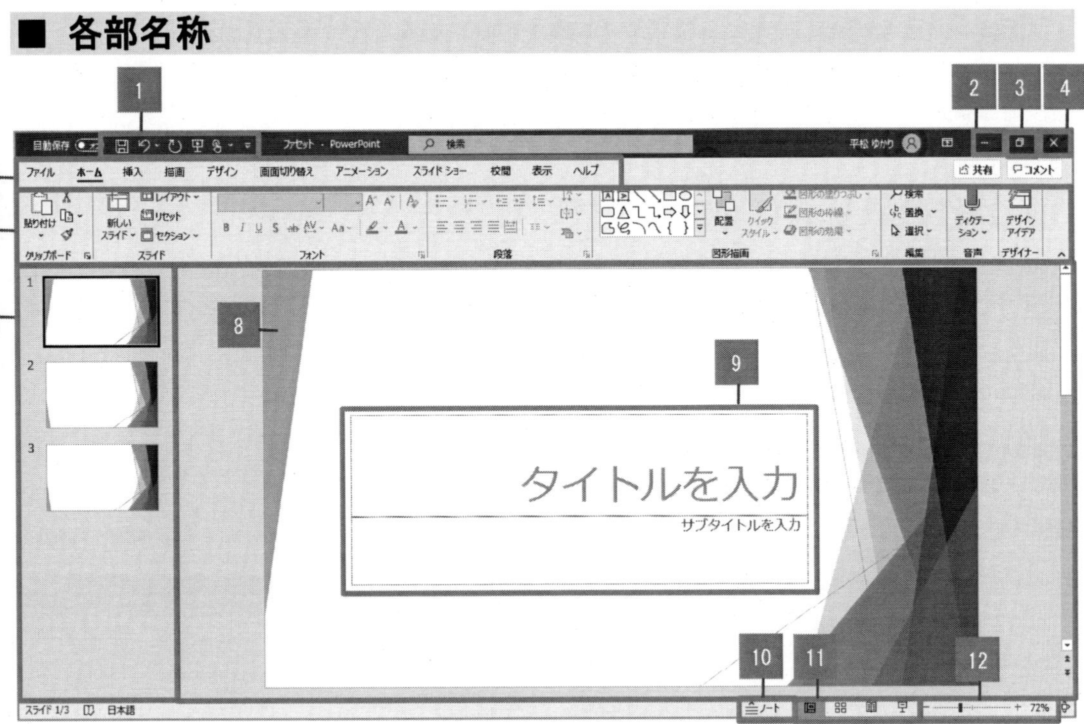

図表 2-8：画面構成

① クイックアクセスツールバー・・・保存、戻るなどよく使う機能を配置しています。
② 最小化・・・ウィンドウのサイズを最小化します。
③ 元に戻す／最大化・・・ウィンドウのサイズを最大化／元のサイズに戻します。
④ 終了・・・PowerPoint を終了します。
⑤ リボン・・・機能ごとに各種ボタンが表示されます。
⑥ タブ・・・機能の種別ごとに分けられたタブメニューです。
⑦ サムネイル・・・スライドの縮小表示で、クリックして作業スライドを変更できます。
⑧ スライド・・・PowerPoint の作業をする領域です。
⑨ プレースホルダー・・・文字や表、画像などを挿入する枠です。
⑩ ノートペイン・・・発表者のメモとしてテキストを入力する領域です。
⑪ 表示切り替え・・・それぞれのボタンをクリックすると表示モードが切り替わります。
⑫ ズームスライダー・・・スライドの表示倍率を変更することができます。

04 操作の取り消しとやり直し

「間違えて文字を消してしまった」や「画像を不意に動かしてしまった」というようなことが、スライドを作成すると発生します。PowerPoint では、操作を一定回数記録しているので、元に戻すことができます。また、元に戻した操作をやり直すこともできます。

1．操作の取り消し

操作を取り消すには、クイックアクセスツールバーの［元に戻す］ボタンを押すことで操作を取り消すことができます。

続けて押すことで、さかのぼって取り消すことも可能です。

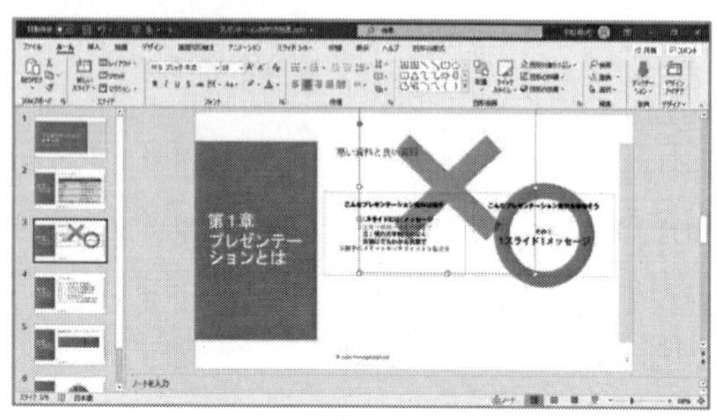

図表 2-9：操作を間違えた時

図表 2-10：［元に戻す］ボタン

2．操作のやり直し

操作のやり直しは、取り消した操作をやり直すということです。

操作をやり直すには、クイックアクセスツールバーの［やり直し］ボタンを押すことで操作を取り消すことができます。

続けて押すことで、さかのぼってやり直すことも可能です。

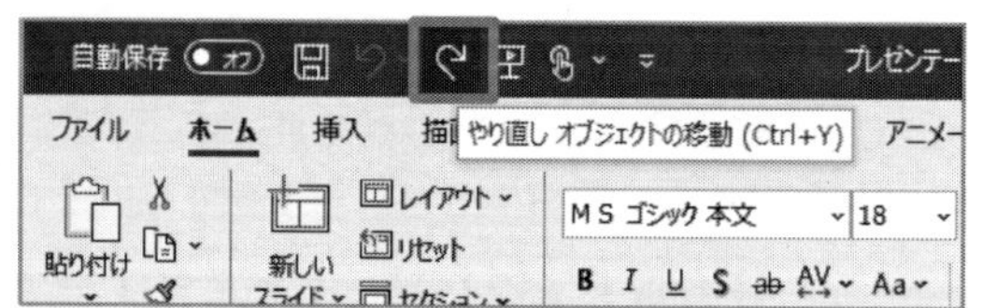

図表 2-11：［やり直し］ボタン

05 ファイルの保存

保存は作業を中断したい場合に、現在の編集状態を記録する機能です。
保存方法には、「名前を付けて保存」と「上書き保存」の 2 種類があります。

1. 名前を付けて保存

スライドに名前をつけて保存するには、[ファイル] メニューの [名前を付けて保存] で保存を行うことができます。
ファイルを新しく作り、初回に上書き保存をする場合にも「名前を付けて保存」画面が表示されます。

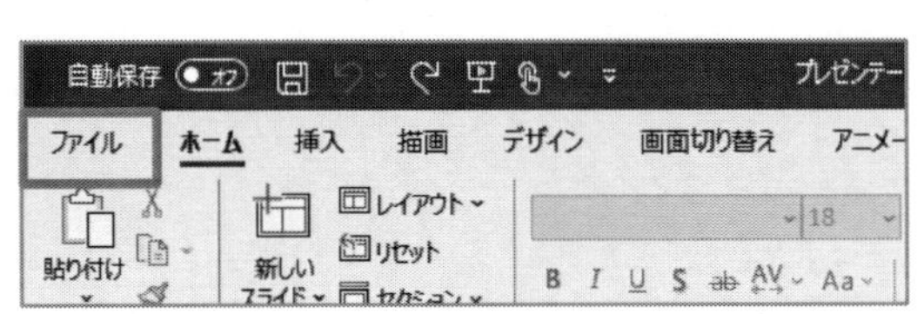

図表 2-12：[ファイル] タブ

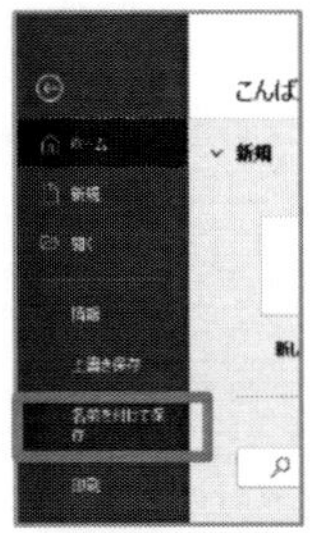

図表 2-13：「名前を付けて保存」

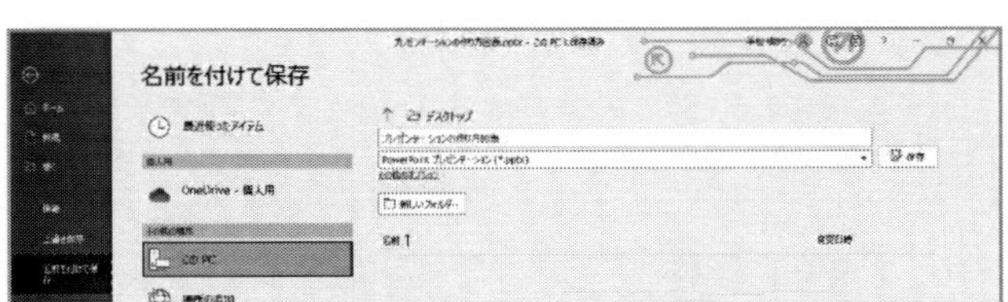

図表 2-14：「名前を付けて保存」画面

2. 上書き保存

上書き保存をするには、クイックアクセスツールバーの [上書き保存] ボタンを押すか、[ファイル] メニューの [保存] で保存をすることができます。

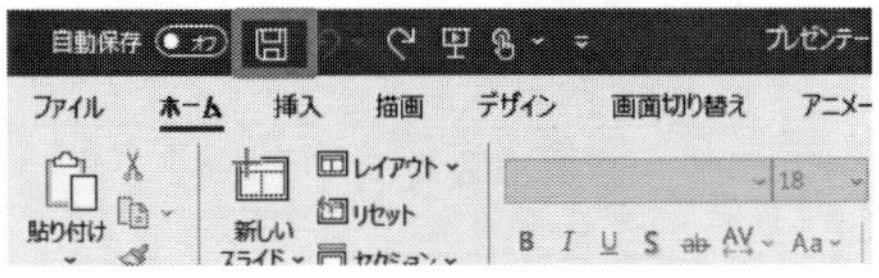

図表 2-15：[保存] ボタン

06 ファイルを開く、閉じる

PowerPoint で作成したデータを表示させることを「ファイルを開く」、作業を終了してファイルを非表示にすることを「ファイルを閉じる」といいます。ファイルは閉じても PowerPoint は終了しないので、新しいスライドを作成したり、別のファイルを開いたりすることができます。

1．ファイルを開く

PowerPoint で作成したファイルをダブルクリックすると PowerPoint が起動し、選択したファイルが表示されます。

その他に、PowerPoint を起動すると PowerPoint のスタート画面が表示されるので、［開く］から開きたいファイルを選択することもできます。

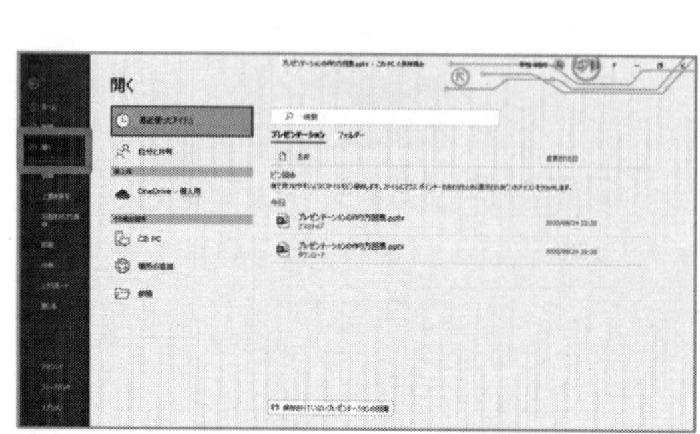

図表 2-16：［開く］操作

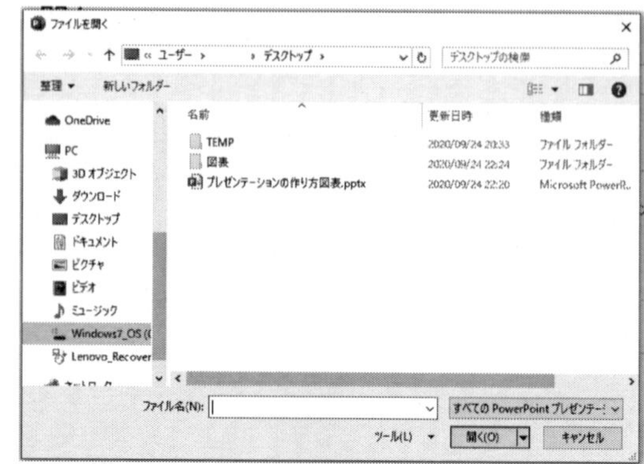

図表 2-17：ファイルを指定して開きます

2．ファイルを閉じる

［ファイル］を開き、バックステージビューから［閉じる］を押すとファイルが閉じられます。保存せずにファイルを閉じようとすると、保存の確認メッセージが表示されます。

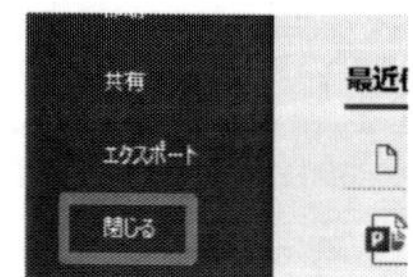

図表 2-18：［閉じる］操作

第 3 章

プレゼンテーションの作成

01 新しいファイルの作成

PowerPoint を起動すると、スタート画面が表示されます。
スライドのテーマ（テンプレート）や、白紙から選択をします。

1. 白紙から作成する

PowerPoint のスタート画面を表示し、テーマの一覧から白紙を選択します。

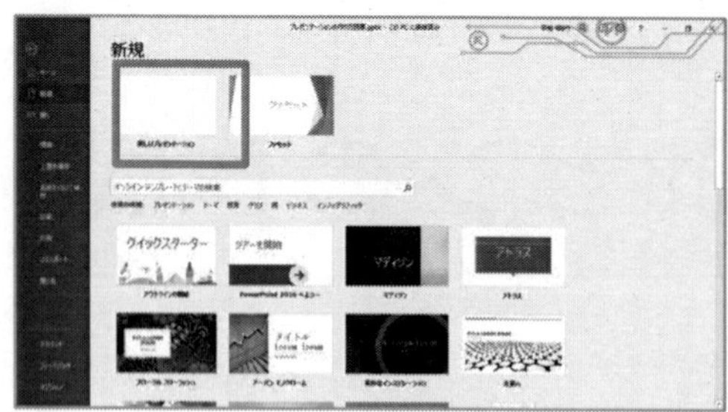

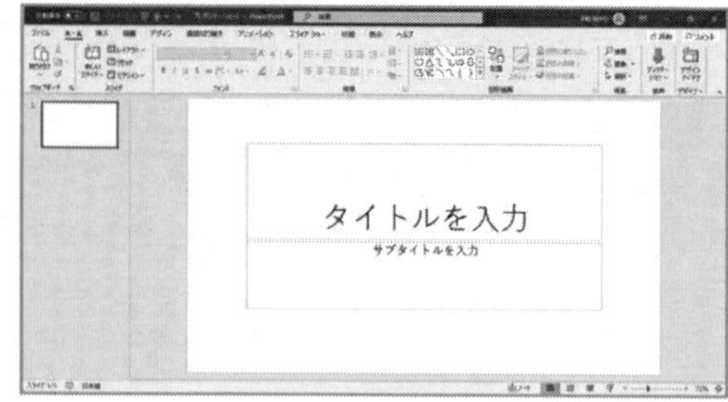

図表 3-1：白紙のプレゼンテーション

2. テンプレートから作成する

PowerPoint のスタート画面を表示し、テーマの一覧から目的に合うテーマを選択します。
配色や背景の模様を組み合わせたバリエーションがある場合は、バリエーションも選択します。

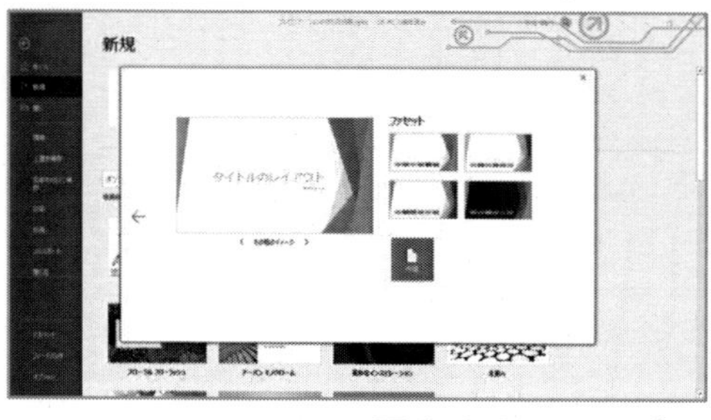

図表 3-2：テンプレートとバリエーション

3. クイックスターターから作成する

PowerPoint のスタート画面を表示し、テーマの一覧からクイックスターターを選択します。

クイックスターターは、キーワードに適したスライドが自動的に作成されるようになっています。

画面の説明に従って、作成を進めていきます。

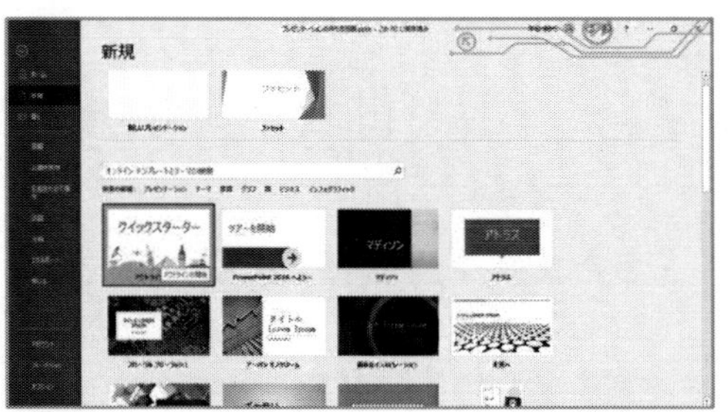

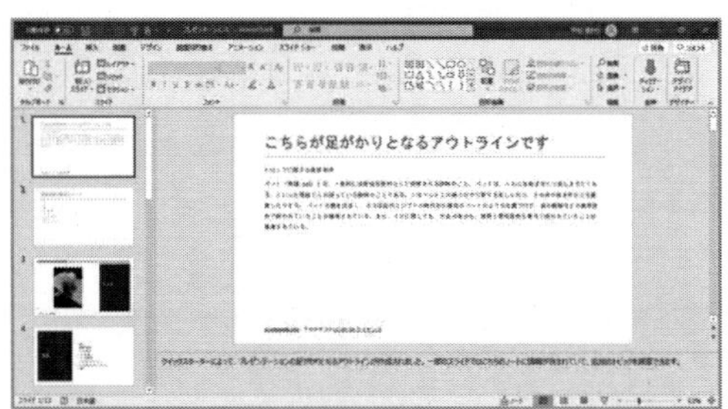

図表 3-3：クイックスターターの流れ

02 プレースホルダーの操作方法

１．プレースホルダーの選択

「プレースホルダー」とは、文字などのデータを入力するための領域です。

文字を入力するプレースホルダーと、表やグラフ、図などを挿入できるコンテンツプレースホルダーがあります。

コンテンツプレースホルダーには、表やグラフなどを表すアイコンが表示されています。

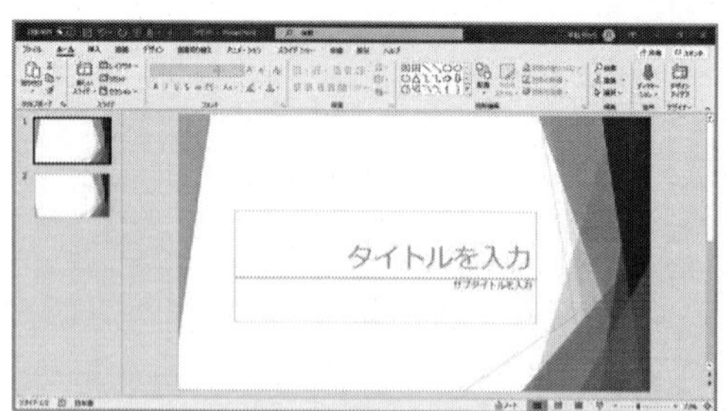

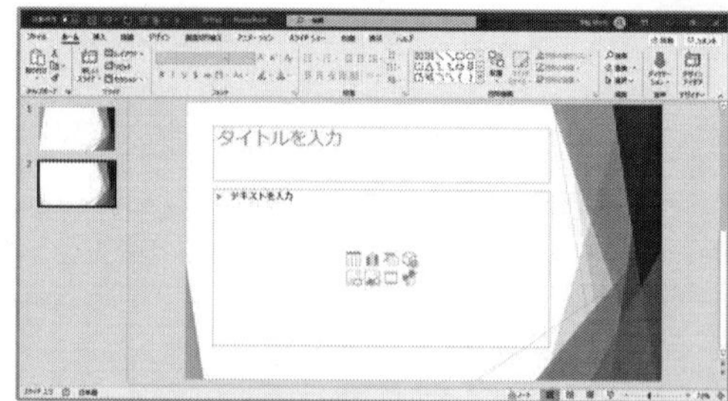

図表 3-4：プレースホルダーとコンテンツプレースホルダー

２．プレースホルダーの移動

プレースホルダーを選択すると、枠線が表示されます。

カーソルの形が　に変わったら、マウスをドラッグすると移動することができます。

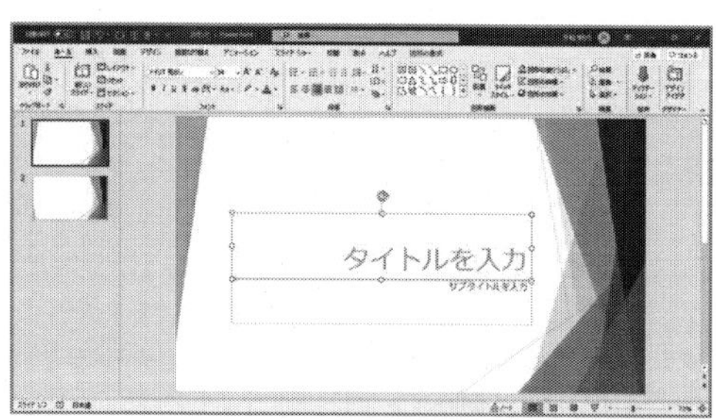

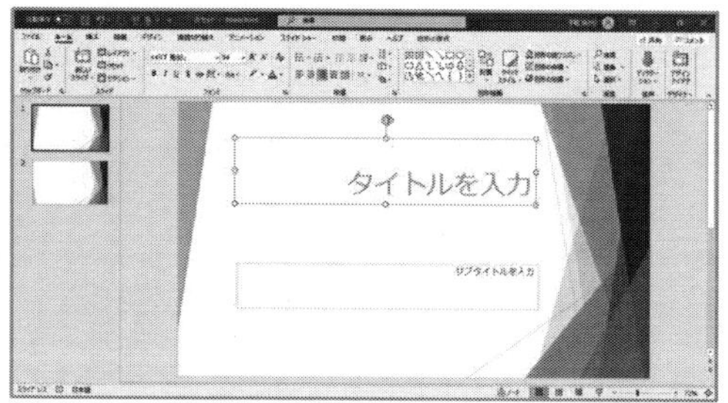

図表 3-5：プレースホルダーの移動

3．プレースホルダーの変形

プレースホルダーを選択すると、各辺と角にサイズ変更ハンドルが表示されます。

カーソルの形が に変わったら、マウスをドラッグするとプレースホルダーのサイズを変更することができます。

また、サイズ変更時にキーボードの［Shift］キーを押しながらドラッグすると、縦横比を維持したまま拡大や縮小を行うことができます。

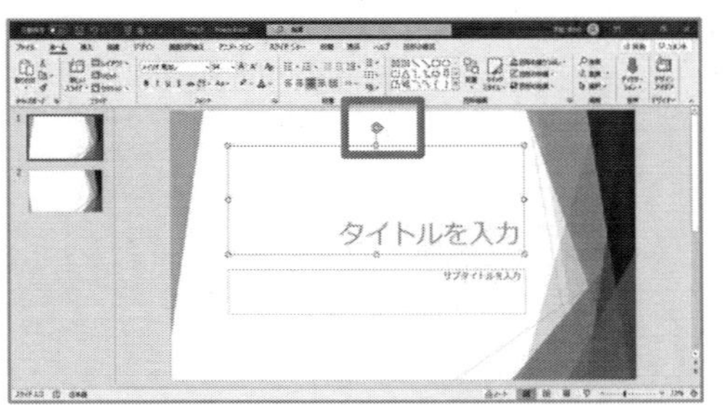

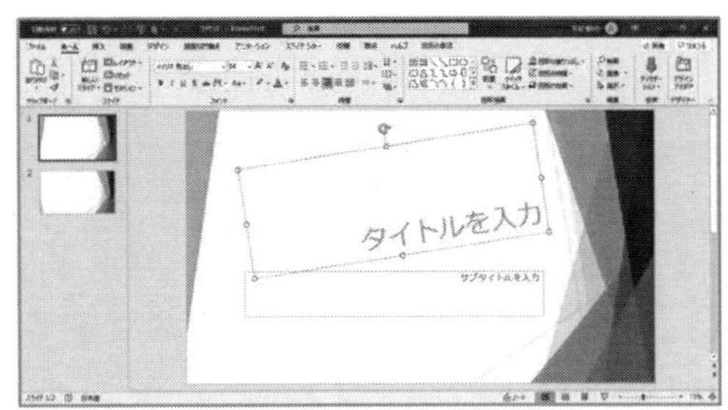

図表 3-6：プレースホルダーの変形

4．プレースホルダーの削除

プレースホルダーを削除するには、プレースホルダーを選択し、キーボードの［Delete］キーを押します。

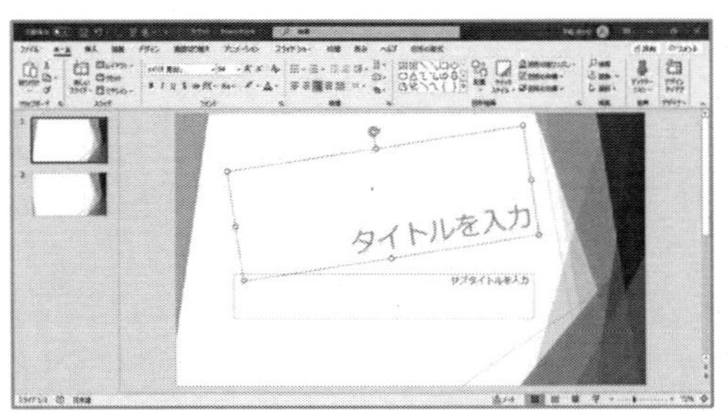

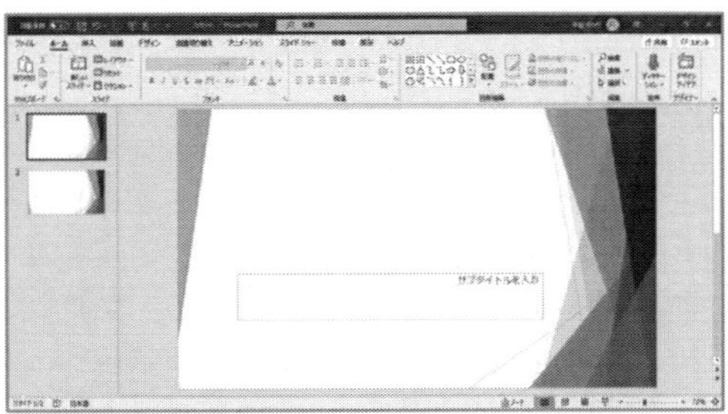

図表 3-7：プレースホルダーの削除

03 テキスト・文章の入力

PowerPoint でスライドを作成すると、1 ページだけスライドが表示されます。これが表紙スライドになります。

表紙スライドには、スライド全体のタイトル、サブタイトル欄にはサブタイトルや発表者名、会社名などを入力します。タイトルやサブタイトルはいつでも変更ができます。

1．プレースホルダー

プレースホルダー内にポインターを動かし、プレースホルダーをクリックすると、プレースホルダー内にカーソルが表示され、文字入力ができる状態になります。

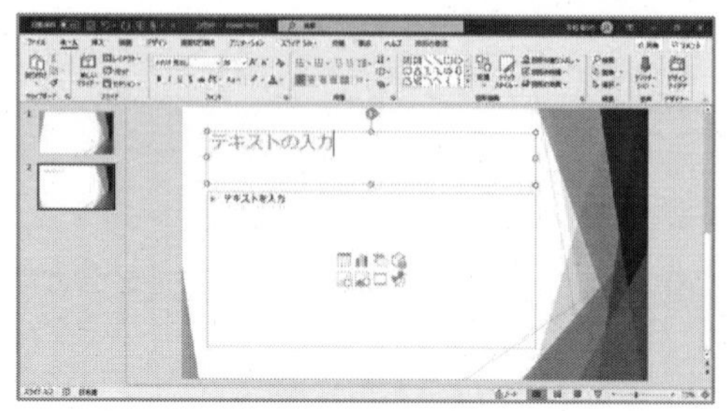

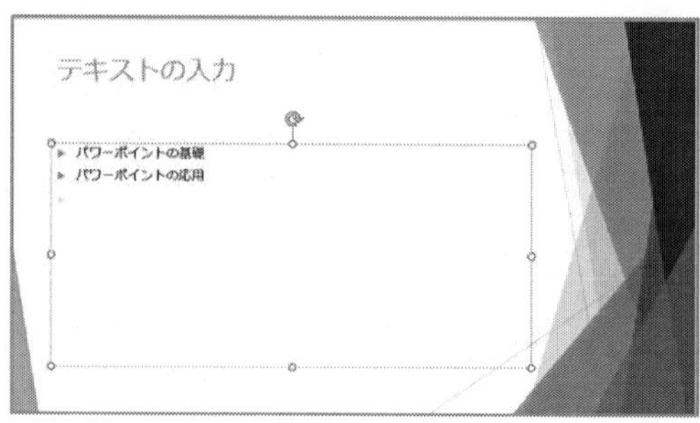

図表 3-8：プレースホルダーの文字入力

2．テキストボックス

［挿入］タブの［図形］を押すと、図形の一覧が表示されます。

この中のテキストボックスを選び、テキストボックスを作りたい場所に必要な大きさになるようドラッグすると、テキストボックスが出来上がります。

このテキストボックスはプレースホルダーと同じように、場所を移動することができます。

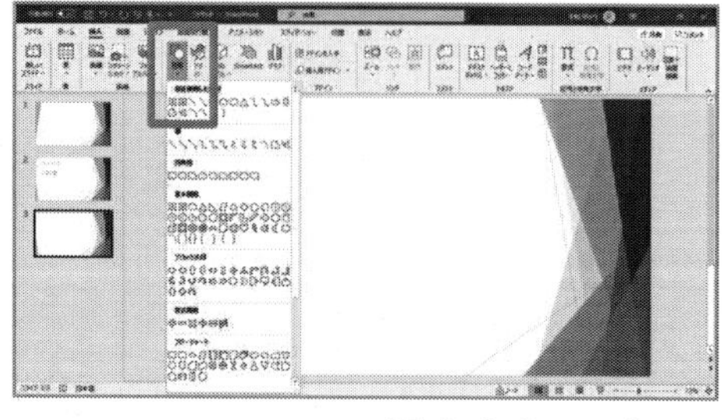

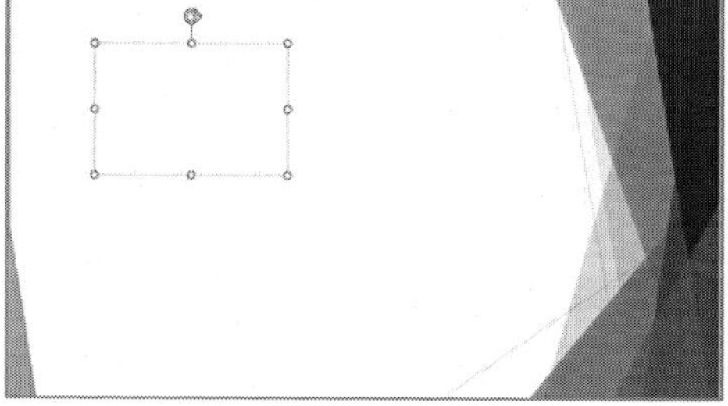

図表 3-9：テキストボックスの文字入力

04 スライドの追加とレイアウトの変更

スライドを追加し、レイアウトを変更することができます。
レイアウトは 16 種類用意されていますが、後からレイアウトを変更することができます。
まずは完璧な仕上がりを目指さず、必要な情報を書いていくことに注力しましょう。

1. 新しいスライドの追加

新しいスライドを追加するには［ホーム］タブの［新しいスライド］から追加します。

画面左側にあるスライドペインに表示されているスライドを右クリックして表示されるメニューの中から［新しいスライド］を選択してもスライドが追加できます。

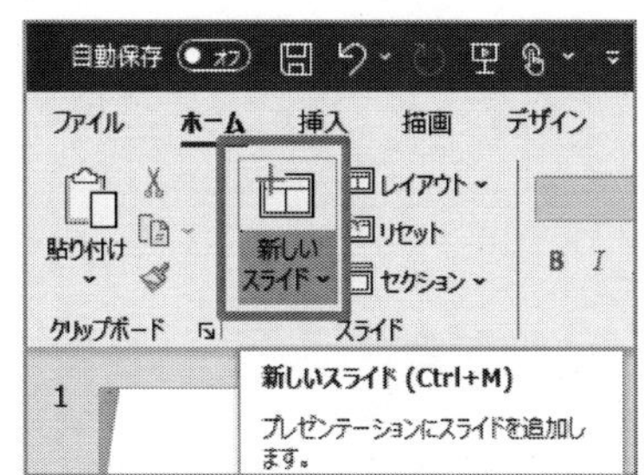

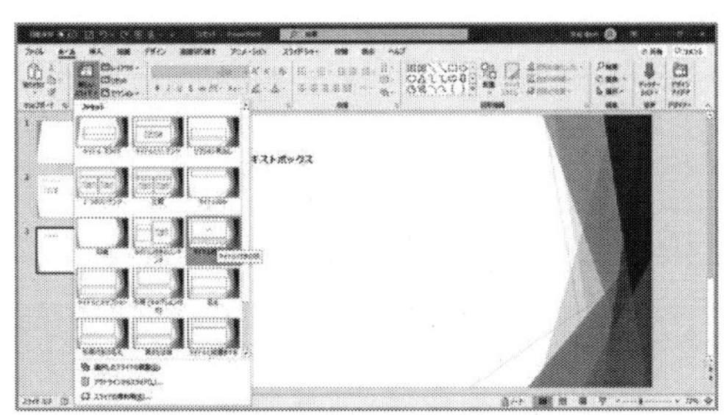

図表 3-10：ホームタブから新しいスライドの追加

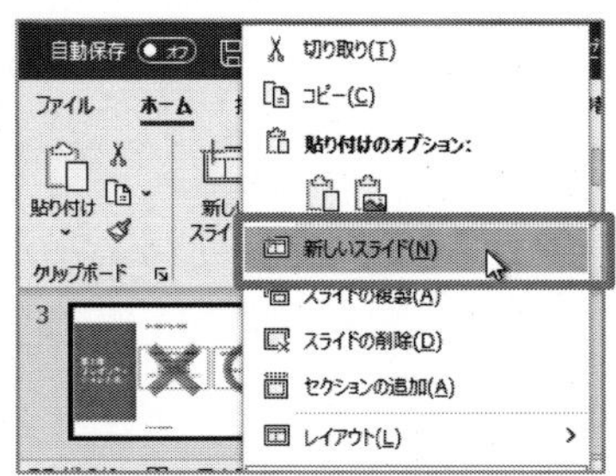

図表 3-10：スライドペインから新しいスライドの追加

2．スライドのレイアウト変更

スライドのレイアウト変更をするには、画面左側のスライドペインに表示されているスライドにポインターをおいて選択し、［ホーム］タブの［レイアウト］を選択します。

表示されたレイアウトの一覧から、使用したいレイアウトを選択します。

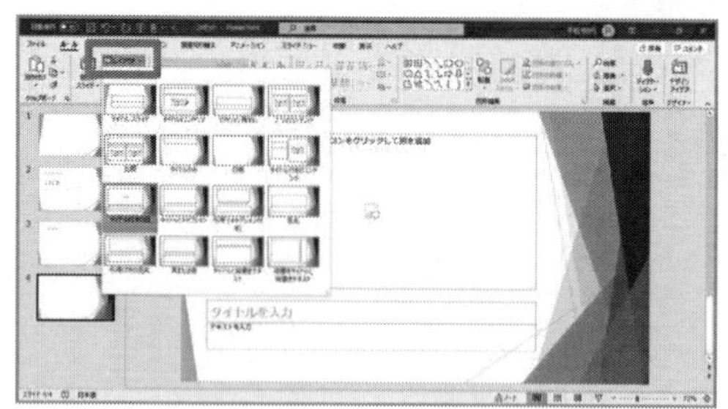

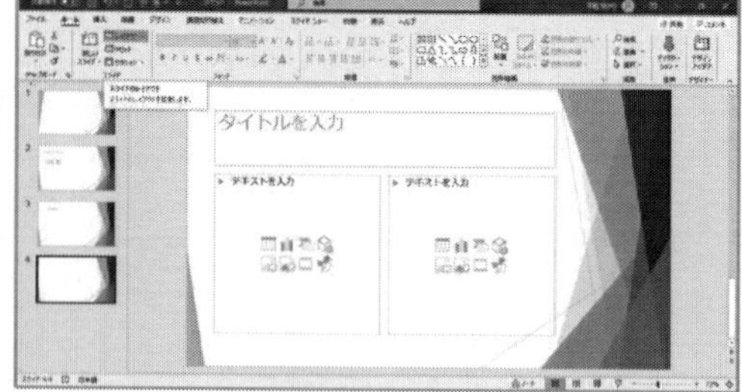

図表 3-11：スライドのレイアウト変更

レイアウトには、いくつかのプレースホルダーが準備されています。

プレースホルダーが足りない場合は、テキストボックスを追加挿入するか、キーボードの［Ctrl］キーを押しながらプレースホルダーをドラッグすることでプレースホルダーの複製をすることができます。

図表 3-12：プレースホルダーの複製

3．スライドのレイアウト一覧

PowerPoint には 16 種類のレイアウトが用意されています。配色やフォントはテーマによって異なります。

1.タイトルスライド	9.タイトル付きの図
2.タイトルとコンテンツ	10.タイトルとキャプション
3.セクション見出し	11.引用（キャプション付き）
4.2 つのコンテンツ	12.名札
5.比較	13.引用付きの名札
6.タイトルのみ	14.真または偽
7.白紙	15.タイトルと縦書きテキスト
8.タイトル付きのコンテンツ	16.縦書きタイトルと縦書きテキスト

05 スライドの順番を入れ替える

スライドは、画面左側のスライドペインで並び順を入れ替えることができます。
全体の構成を考えながら、順番を並び替えます。

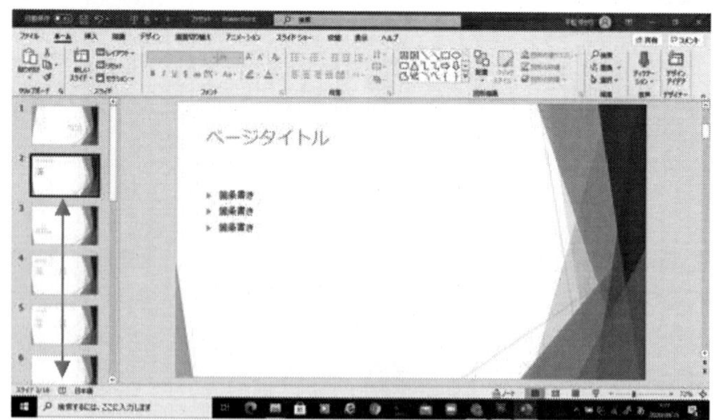

図表 3-13：スライドの並び替え

06 スライドの複製と削除

既存のスライドを複製し、内容を変えて別のスライドとして作成することができます。この方法を使うことで白紙のスライドから進めるよりも時間短縮を図ることができます。

1. スライドの複製

画面左側のスライドペインで複製元のスライドを右クリックし、[スライドの複製] を選択します。

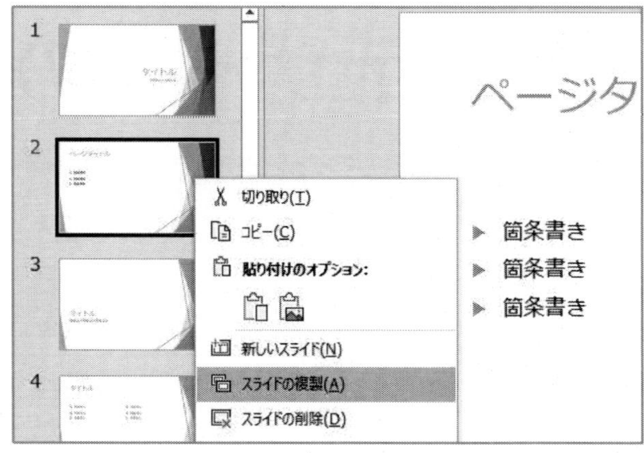

図表 3-14：スライドの複製

2. スライドの削除

画面左側のスライドペインでスライドを選択し、キーボードの［Delete］キーを押すとスライドを削除することができます。

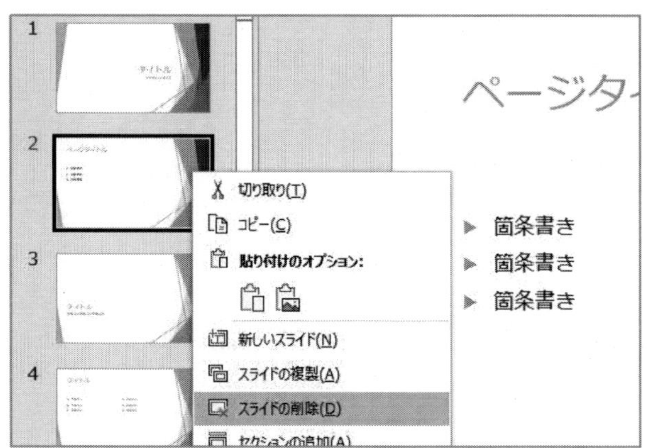

図表 3-15：スライドの削除

07 テーマとデザインの変更

背景やスライドの配色、フォントなどの組み合わせたものが「テーマ」といわれるものです。

テーマはいつでも変更が可能です。

また、テーマを変更するとグラフの配色などもテーマに沿った色味に変更されます。

1．テーマの変更

［デザイン］タブを表示し、　を押すとテーマの一覧が表示されます。

テーマの一つにポインターをおくと、変更後のスライドイメージがプレビューされます。

テーマをクリックすると、変更は完了します。

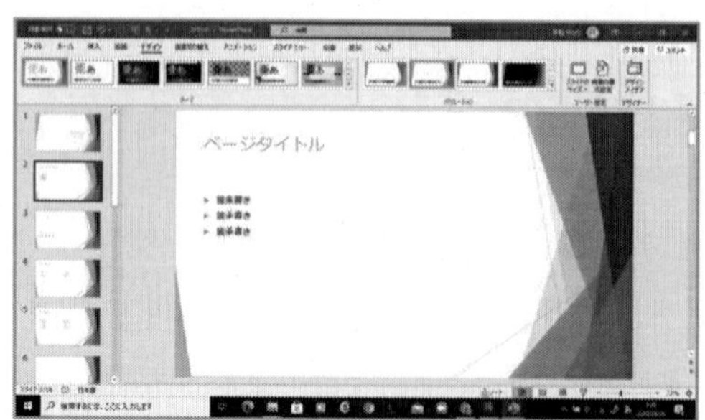

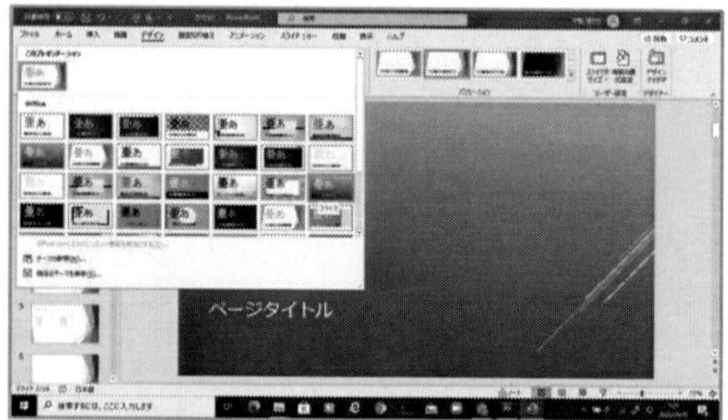

図表 3-16：テーマの変更

2．デザインの変更

同じテーマでも、背景のスタイルや配色を変更することで印象を変えることもできます。

テーマの配色や背景の組み合わせを「バリエーション」といいます。

［デザイン］タブを表示し、［バリエーション］の一覧から選択します。

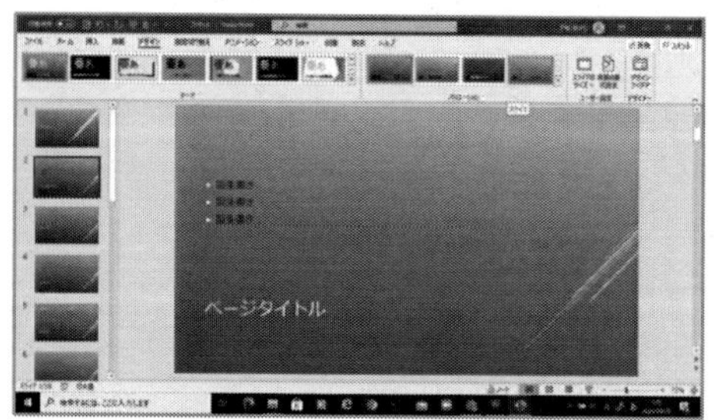

図表 3-17：テーマの変更

［デザイン］タブ内には、スライドの縦横比を選択する［スライドのサイズ］というボタンもあります。

ワイドスクリーンに対応していないプロジェクターなどで発表する場合は、縦横比を標準の 4:3 に変更することができます。

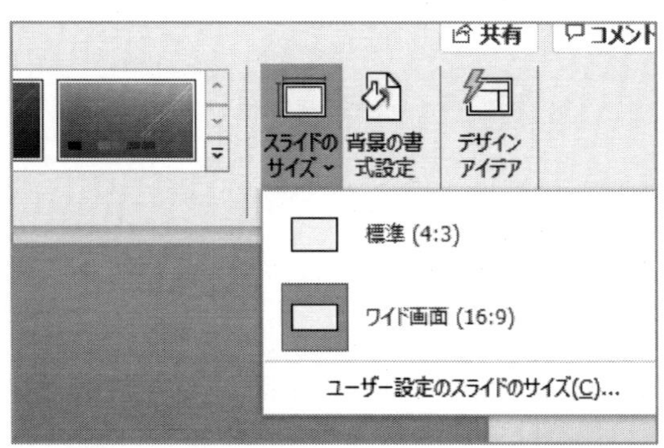

図表 3-18：スライドのサイズ変更

第 4 章

スライドの編集

01 文字の入力

1. 文字入力

プレースホルダーやテキストボックスをクリックすると、カーソルが表示され文字が入力できます。

コンテンツ用プレースホルダーに文字を入力する場合は、自動で箇条書きになるよう設定されています。

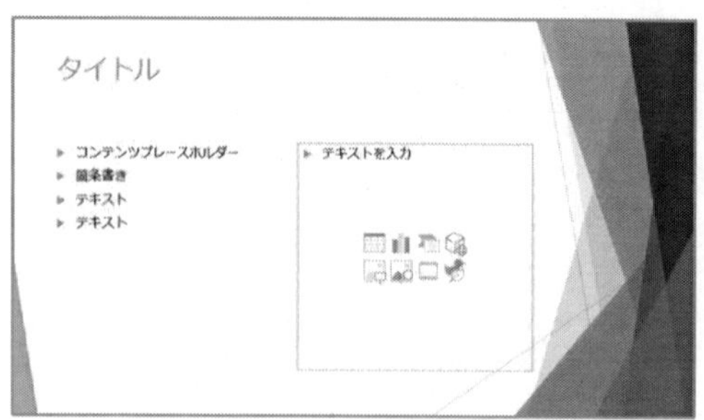

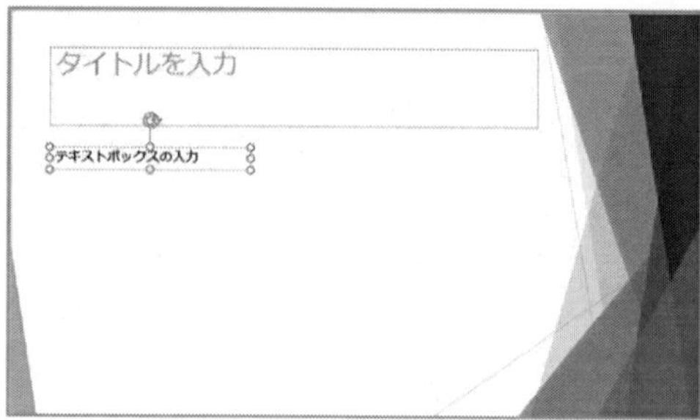

図表 4-1：文字入力

2. 文字の自動調整解除

PowerPoint でプレースホルダーに文字を入力していくと、枠の大きさに応じて文字が段々と小さく調整されていく自動調整機能があります。必要に応じて機能を無効にすることができます。

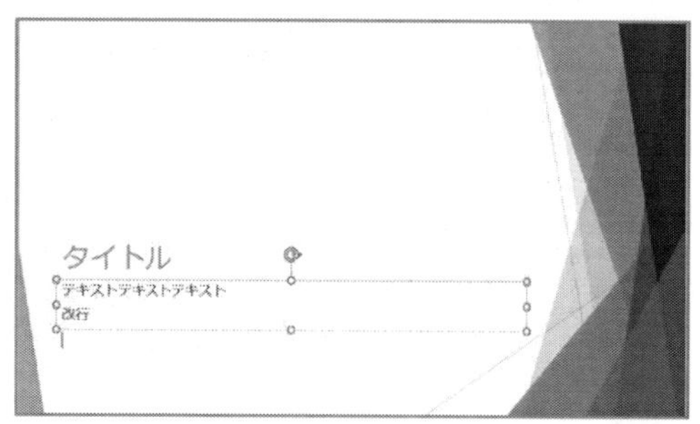

図表 4-2：文字の自動調整解除

02 書式の変更

書式を変更すると、スライドの印象が変わります。書式の変更には、プレースホルダー内の全ての文字の書式を変更する方法と、プレースホルダー内の一部の文字の書式を変更する方法があります。

プレースホルダー内の全ての書式を変更する場合は、プレースホルダーを選択し、書式の変更に進みます。

プレースホルダー内の一部の書式を変更する場合は、編集したい文字をドラッグして選択し、書式の変更に進みます。

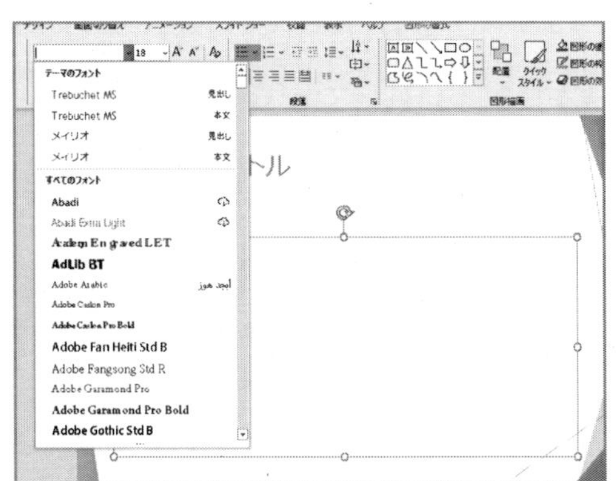

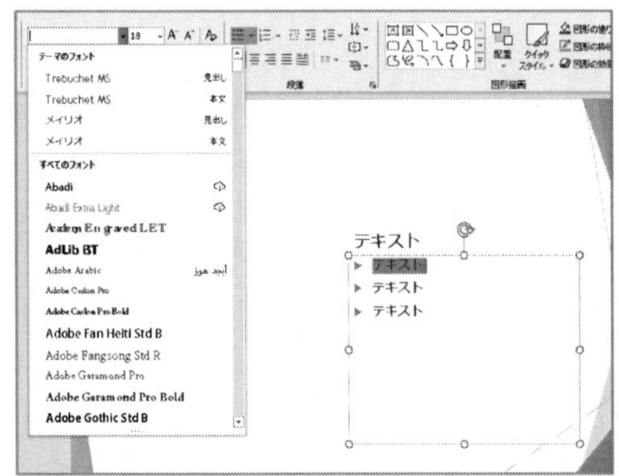

図表 4-3：書式の変更

1．フォント、サイズ

変更したい文字やプレースホルダーを選択し、［ホーム］タブの［フォントボックス］からフォントを選択します。

フォントの大きさを変更する場合は、［ホーム］タブの［フォントサイズボックス］から文字サイズを選択します。隣にある A^ A^ ボタンでフォントサイズを変更することもできます。

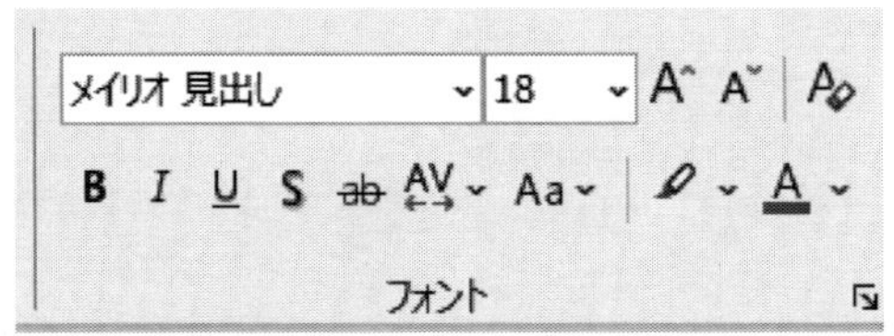

図表 4-4：フォント、サイズ

2．太字、斜体、下線

変更したい文字やプレースホルダーを指定し、［ホーム］タブの **B** *I* U ボタンから選択します。

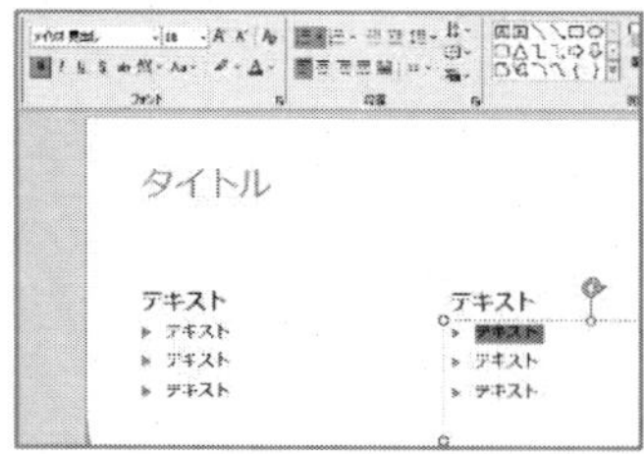

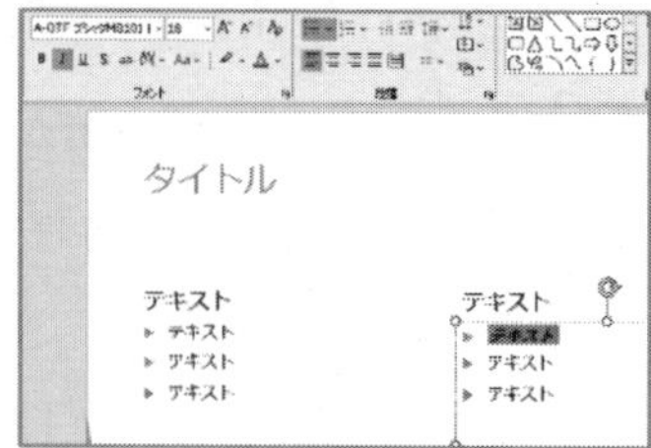

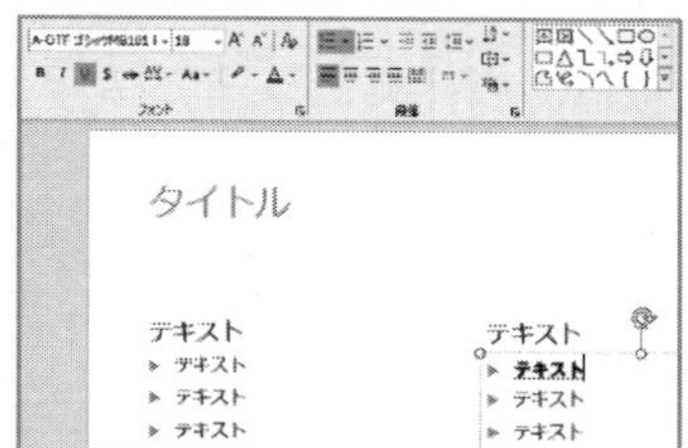

図表 4-5：太字、斜体、下線の設定

3．影、取り消し線

変更したい文字やプレースホルダーを指定し、［ホーム］タブの S ab ボタンから選択します。

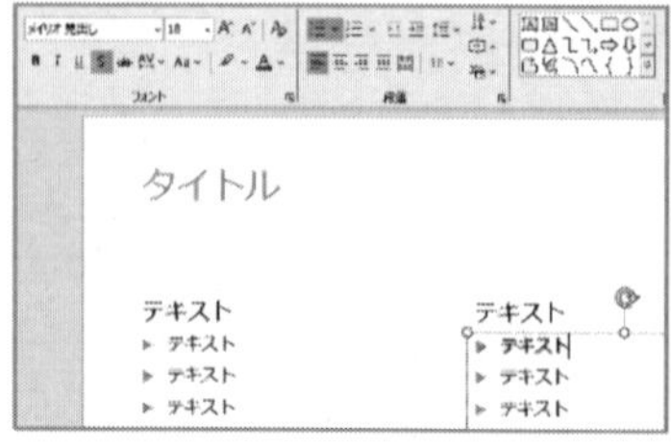

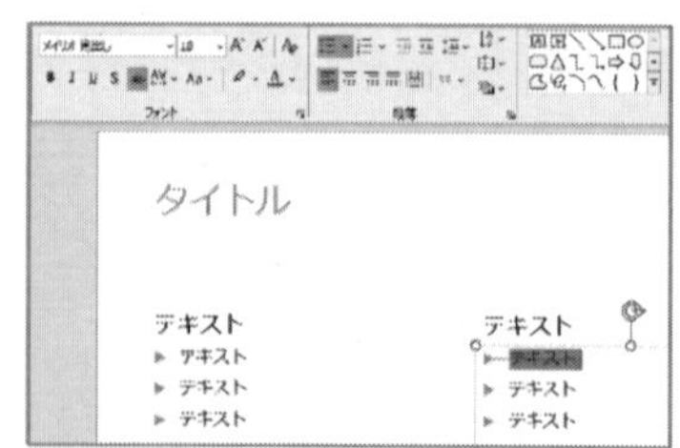

図表 4-6：影、取り消し線の設定

4．文字色、文字間隔

変更したい文字やプレースホルダーを指定し、［ホーム］タブのカラーパレットを押し、希望の色を選択します。

希望の色がない場合は「その他の色」をクリックすると、色の設定画面が表示されます。

文字の間隔は［ホーム］タブの AV ボタンで調整します。

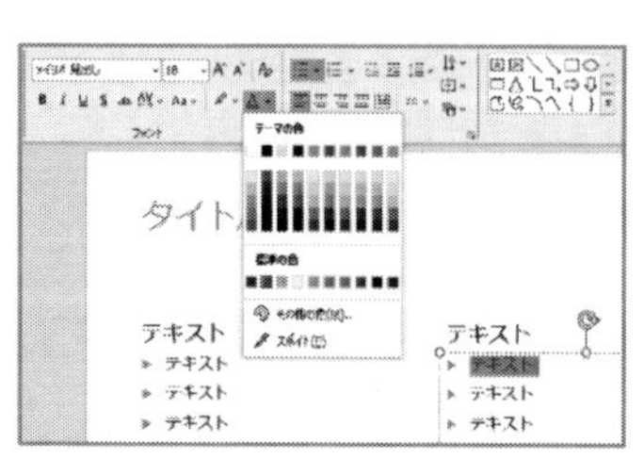

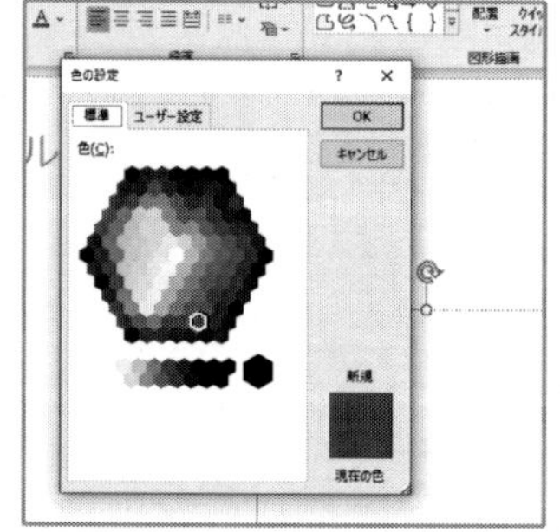

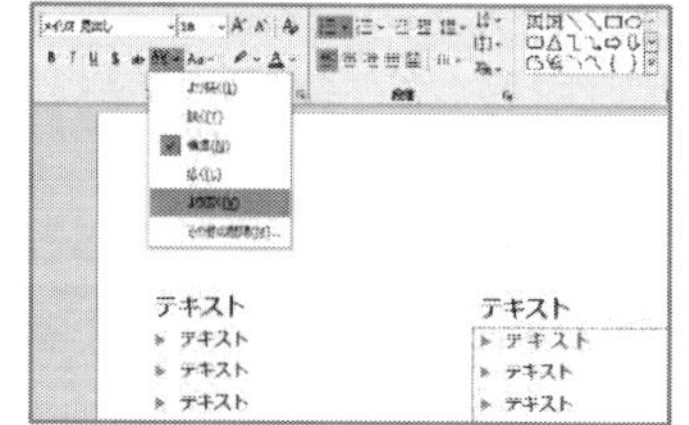

図表 4-7：文字色、文字間隔

03 段落の設定

行と行の間が詰まっていると、スライドが読みにくくなります。PowerPoint では、行間と段落間という二つの設定を行うことができます。

1. 行間と段落間の設定

行間を設定するには設定したいプレースホルダーを選択し、[ホーム] タブの行間ボタンを押します。

行間のオプションを選択すると、段落の画面が表示され、行間と段落間の設定を行うことができます。

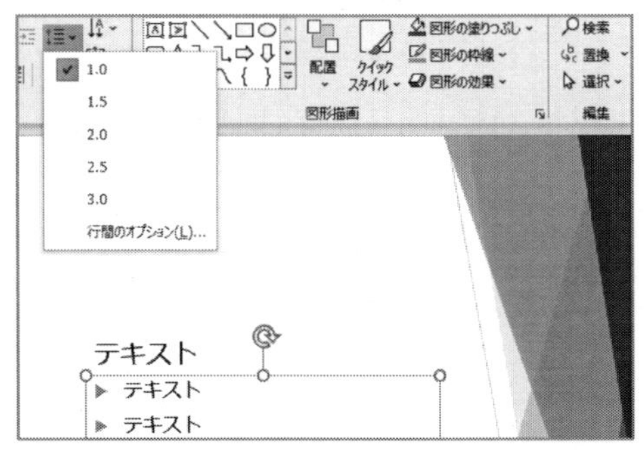

図表 4-8：行間と段落間の設定

2. 箇条書き、段落番号

コンテンツ用プレースホルダーに文字を入力すると、箇条書きで表示されます。

[ホーム] タブの ボタンを押すと、行頭記号や段落番号を指定することができます。

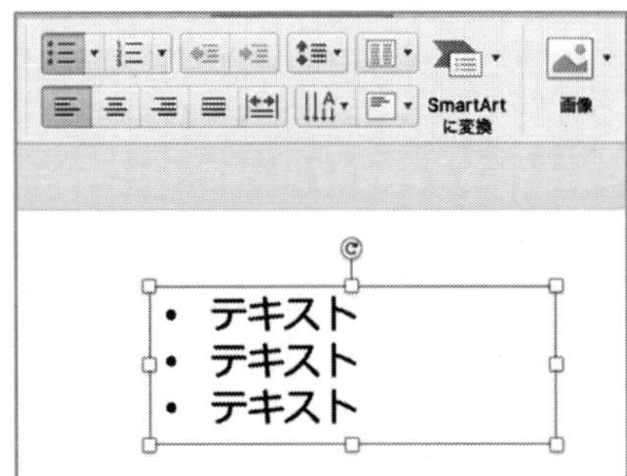

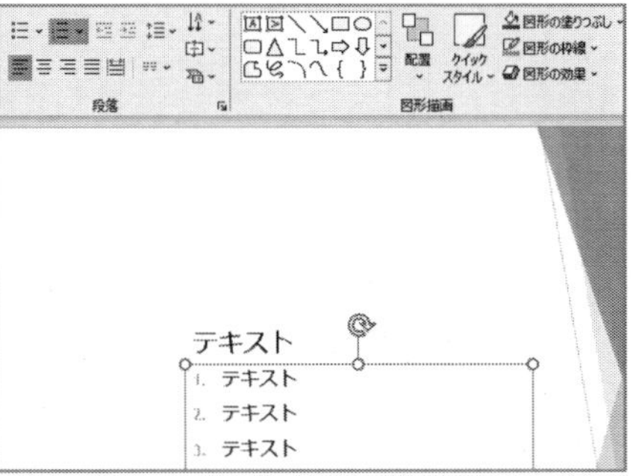

図表 4-9：行間と段落の設定

3．インデントの設定

インデントとは、文字の開始位置を調整する機能です。
段落ごとの上下関係を明確化し、スライドを見やすくするのにインデントは有効です。

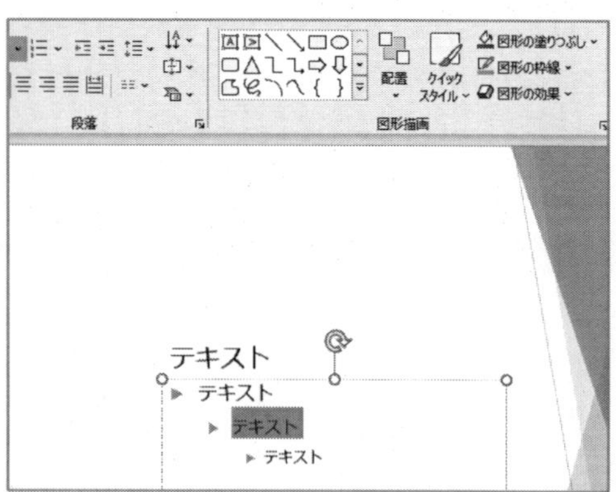

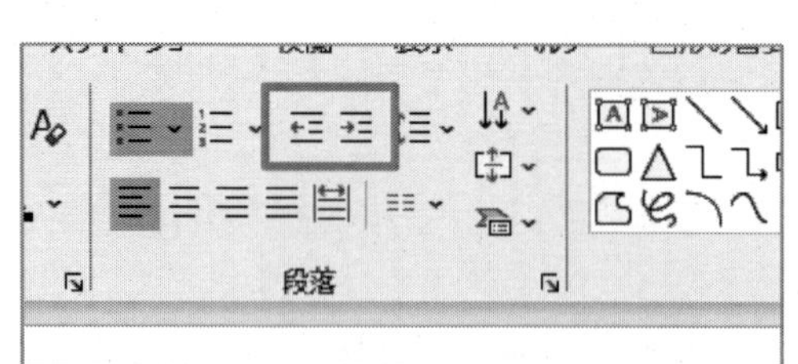

図表 4-10：インデントの設定

04 スライドマスターの設定

全てのスライドに会社のロゴを表示したい場合、全部のスライドに毎ページ同じ画像を挿入するのは手間がかかります。そのような場合にはスライドマスターを利用します。

1．スライドマスターとは

スライドマスターとは、全てのスライドの元となるスライドです。

スライドマスターに文字や画像を配置すると、全てのスライドに同じ文字や画像が配置されます。

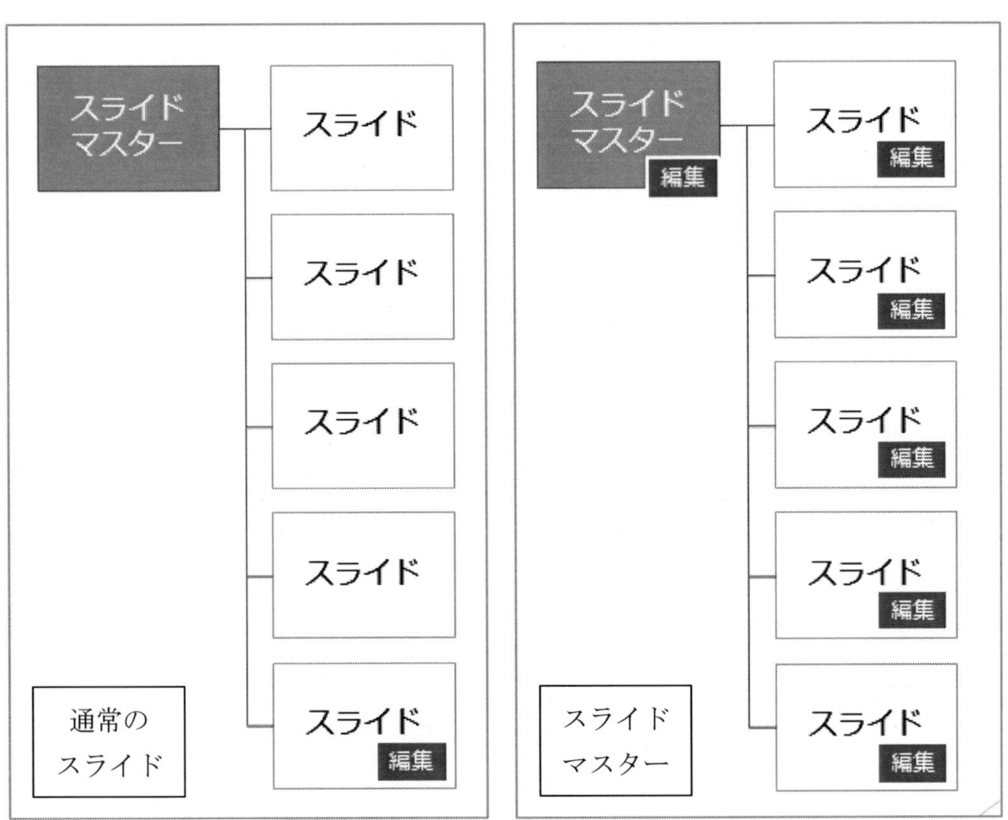

図表 4-11：通常のスライドとスライドマスター

2．スライドマスターの表示

スライドマスターは［表示］タブの［スライドマスター］をクリックすると表示されます。

スライドマスターには、画面の左側にアウトラインペインが表示されており、スライドに設定されているレイアウトを編集することができます。

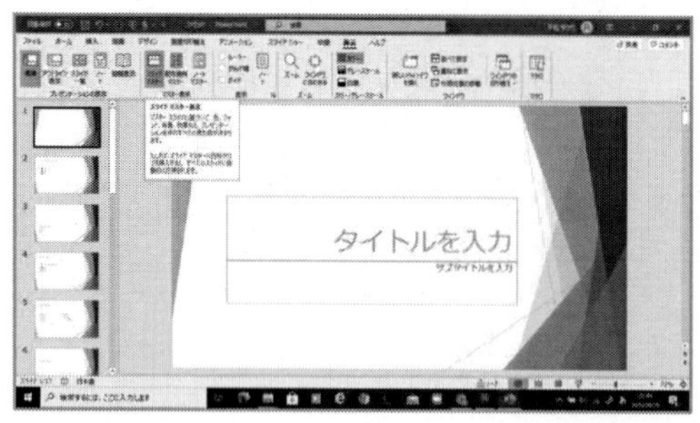

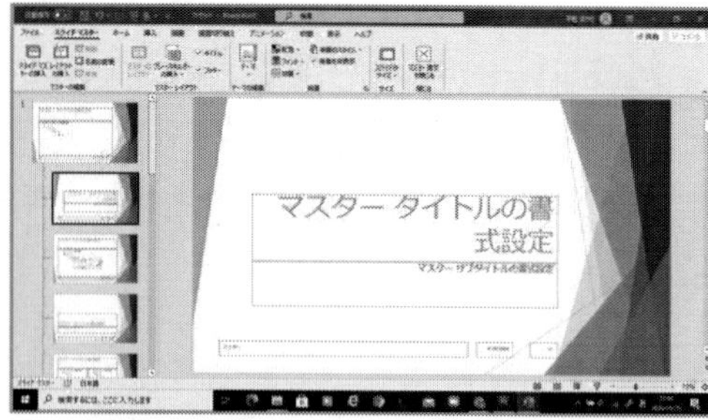

図表 4-12：スライドマスターの表示

3．スライドマスターに共通画像を配置する

画像を追加する場合には、［挿入］タブの［画像］を押すと図の挿入画面が表示されます。

全てのスライドに画像を配置したい場合は、スライドマスターを表示した画面の左側にあるアウトラインペインの一番上にあるスライドに画像を挿入すると、全てのページに影響をします。

特定のレイアウトのみ画像を表示させたい場合は、画像を表示させたいレイアウトを選択し、画像を挿入します。

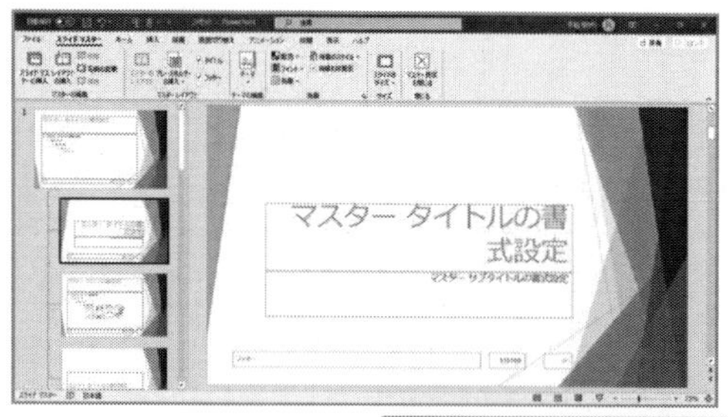

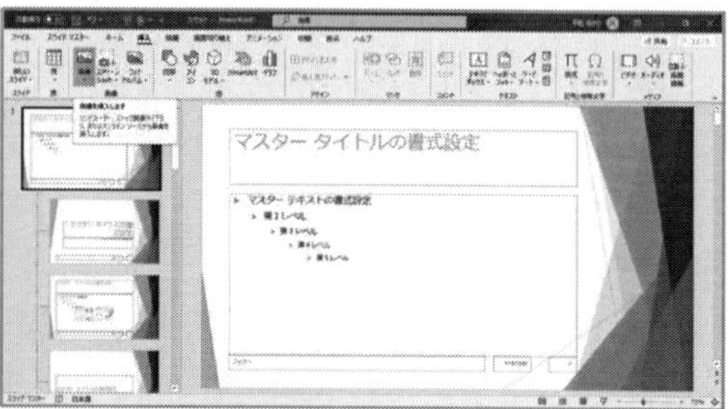

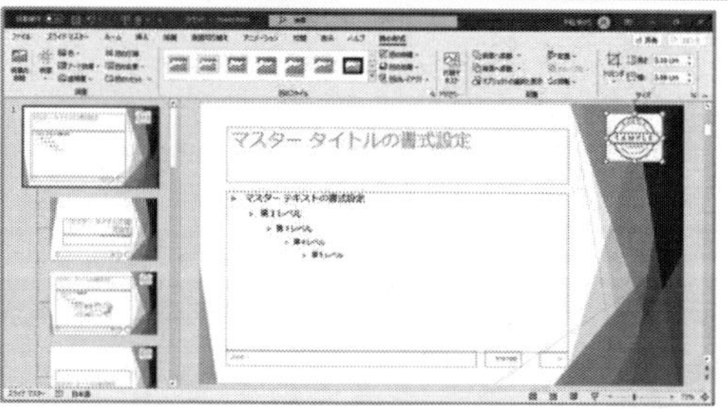

図表 4-13：スライドマスターの編集

05 ヘッダーとフッター

全てのスライドに、日付やページ番号、著作権表示などを入れる場合にヘッダーとフッターの設定ができます。

1．ヘッダーとフッターの表示

ヘッダーとフッターの設定画面を表示させるには、［挿入］タブの［ヘッダーとフッター］を押します。

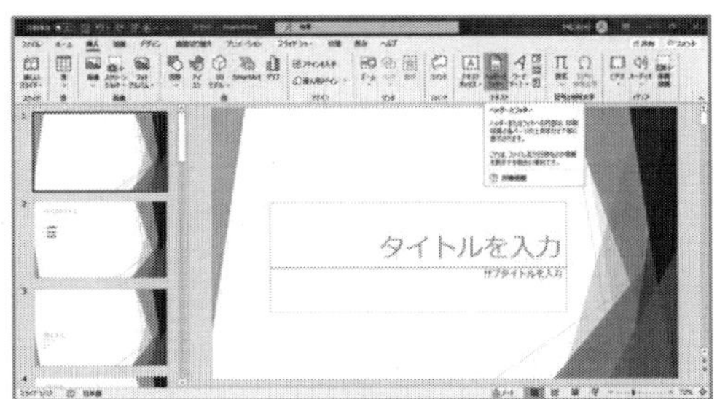

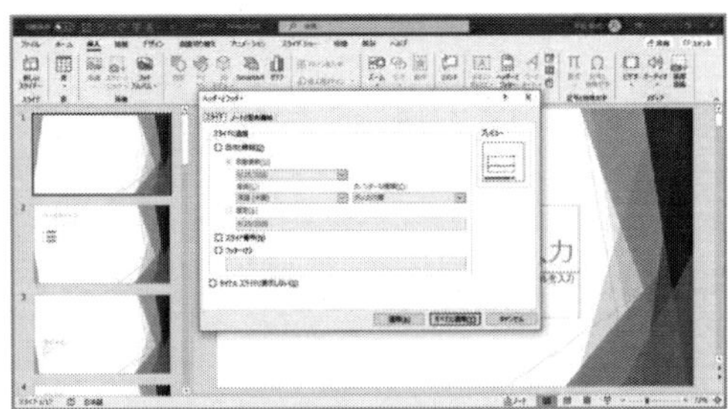

図表 4-14：ヘッダーとフッターの設定画面表示

2．ページ番号と著作権表示を入れる

表示されたヘッダーとフッター画面で、表示させたい項目にチェックを入れ、［すべてに適用］ボタンを押すと全てのページに反映されます。

［適用］ボタンを押した場合は、表示されているスライドのみにヘッダーとフッターが適用されます。

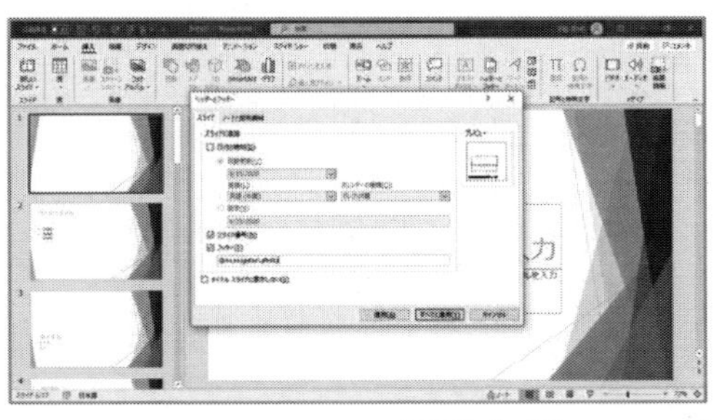
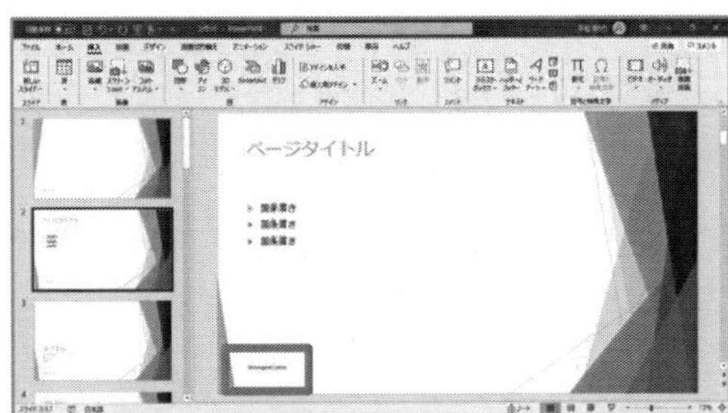

図表 4-15：ヘッダーとフッターの表示

第 5 章

表やグラフの挿入

01 表の作成

情報を整理して伝えるためには、表の利用が効果的です。

スライドに表を作成するには、コンテンツプレースホルダーに表を作成する方法と、直接表を作成する方法があります。

1．表の挿入

コンテンツプレースホルダーのアイコンから、表のアイコンを押します。

表の挿入画面から、必要な列数と行数を入力し、［OK］ボタンを押します。

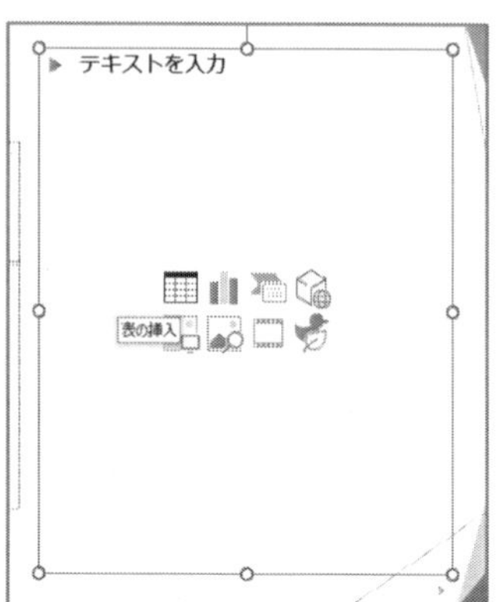

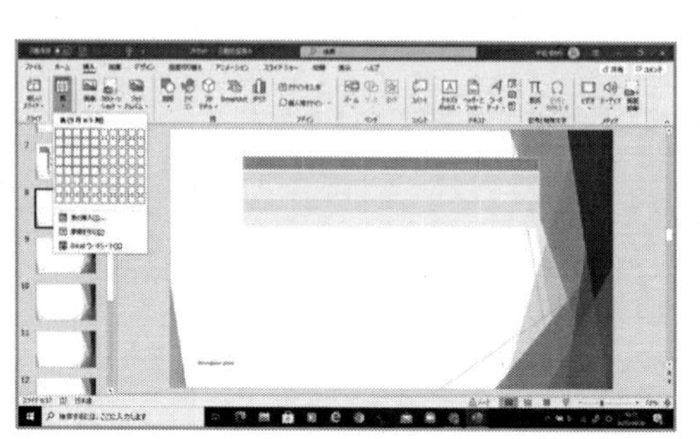

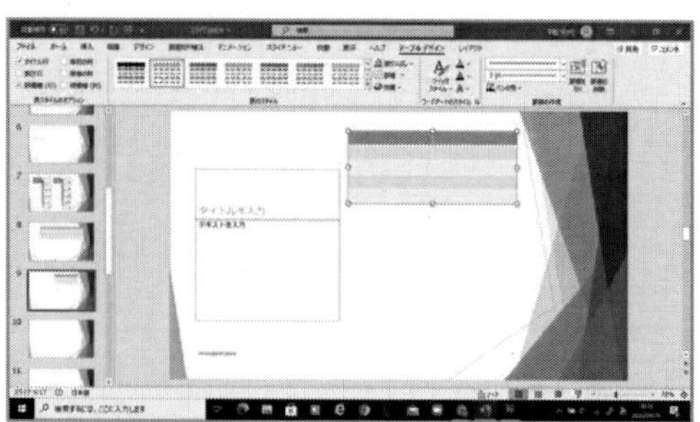

図表 5-1：表の挿入

直接表を作成する場合は、［挿入］タブにある［表］をクリックし、必要な行と列分のマス目を選択します。

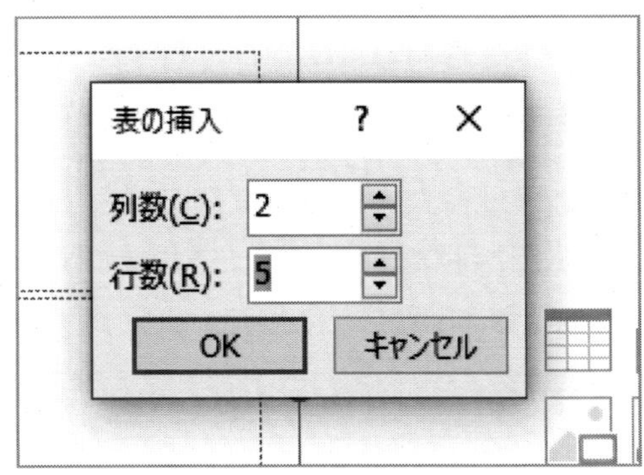

図表 5-2：直接表を挿入する

2. 表の文字入力

表に文字を入力するには、入力したいセルを選択し、文字を入力します。

セル間の移動はキーボードの上下左右キーを利用します。

Excel だと、キーボードの［Enter］キーを押すことで、下のセルを選択することができますが、PowerPoint の場合は［Enter］キーを押すと、セル内で改行をします。

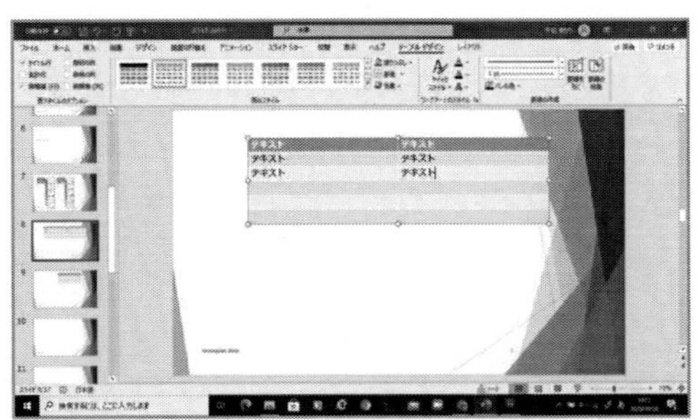

図表 5-3：表の文字入力

02 表の調整

1．行列の幅の調整

表を作成した最初は、行の高さや列の幅は全て同一の状態です。

必要に応じて、列の幅や行の高さを調整することで、表にメリハリが生まれます。

行と列それぞれの境界線にマウスポインターを合わせると、マウスポインターの形が ÷ に変わります。

そのまま上下左右にドラッグすると幅を調整することができます。

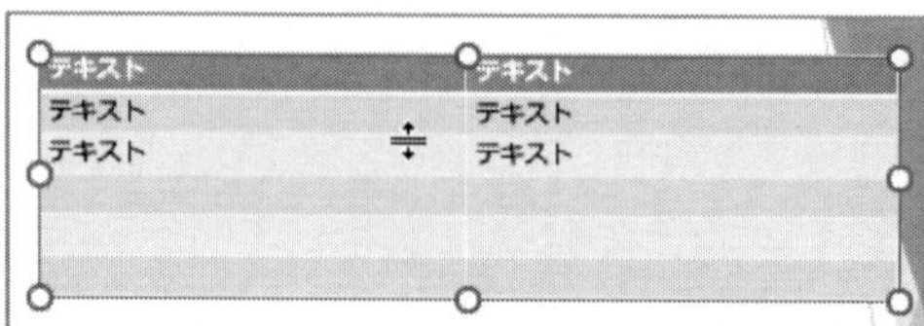

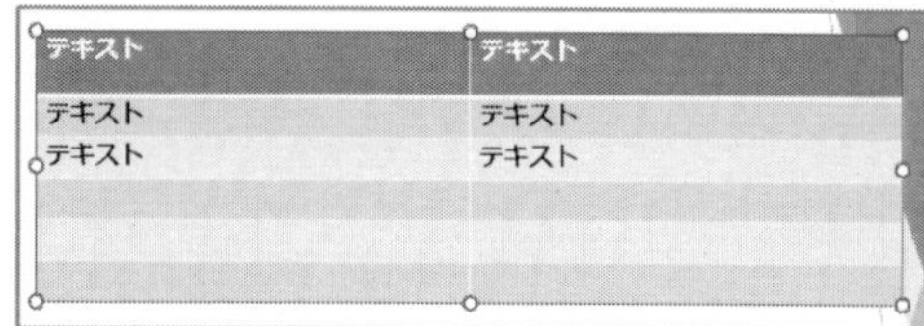

図表 5-4：行の高さの調整

複数の行列を同じ大きさに調整したい場合は、セルをドラッグして範囲選択し、［レイアウト］タブの［高さを揃える］［幅を揃える］をクリックすると、高さと幅を均一に調整することができます。

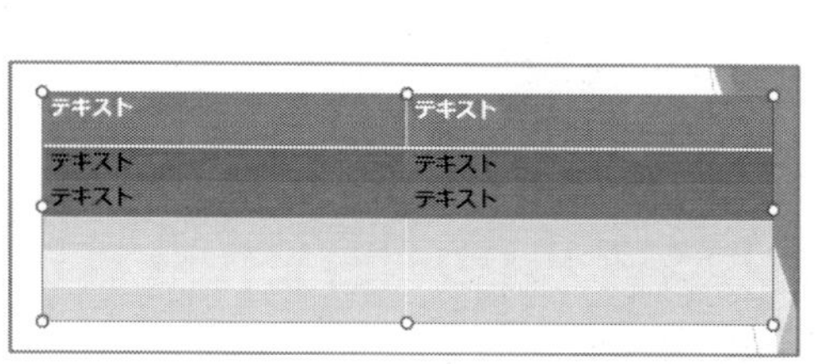

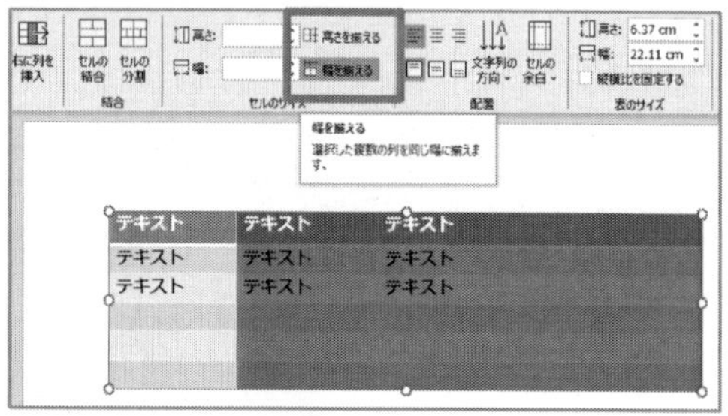

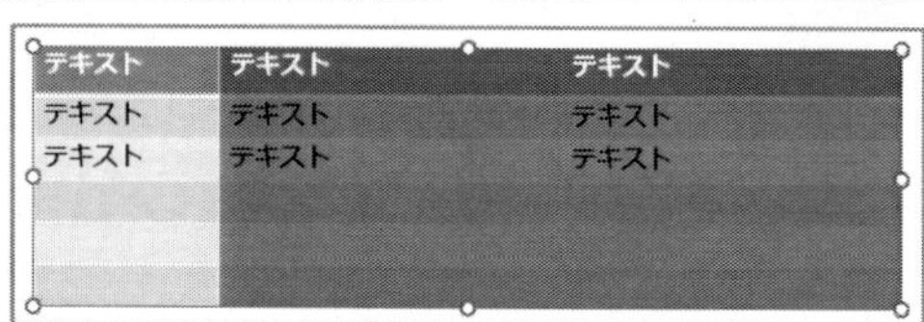

図表 5-5：高さ・幅を揃える

2．行や列の追加と削除

表の作成を進めていくと、行列の数が足りないことや多すぎることがよくあります。

その場合は、行や列の追加削除を行います。

行列の追加は、追加したい行列にカーソルを移動し、［レイアウト］タブの行列挿入をクリックします。

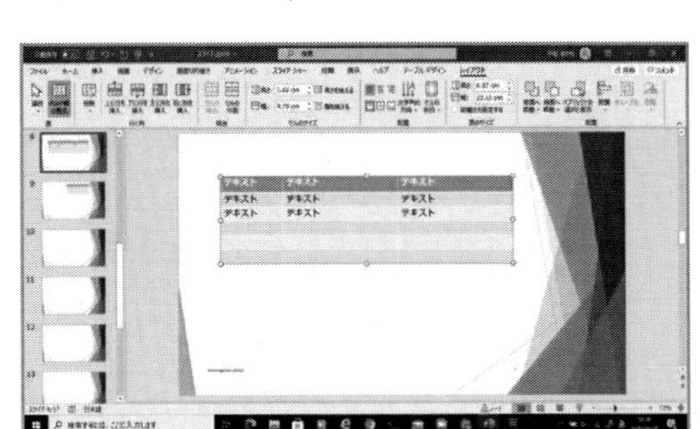

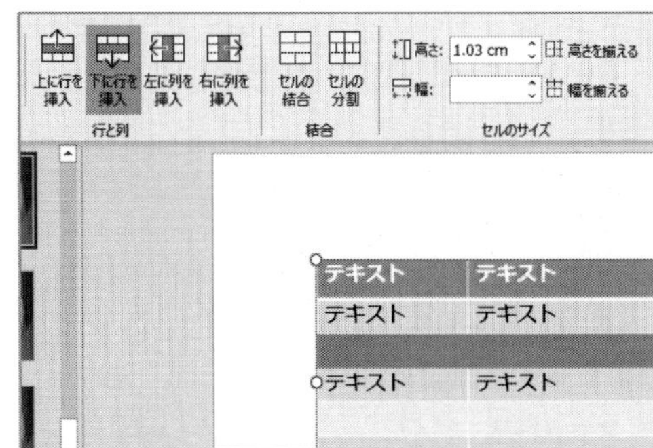

図表 5-6：行列の追加

行列を削除するには、削除したい行列にカーソルを移動し、［レイアウト］タブの［削除］から、列の削除または行の削除をクリックします。

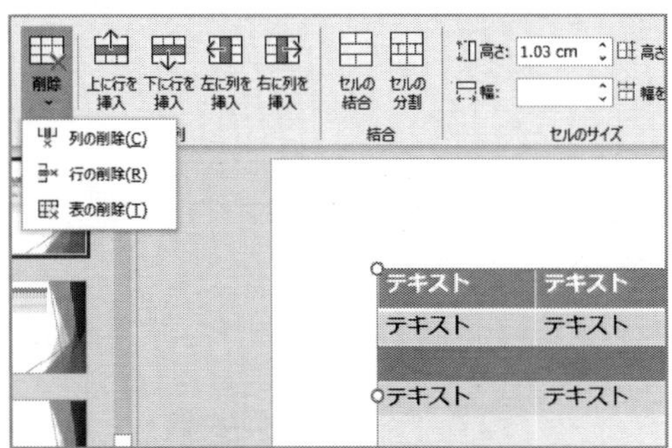

図表 5-7：行列の削除

また、表そのものを削除する場合は、［削除］の表の削除を選択するか、表の外枠を選択してキーボードの［Delete］キーを押します。

3．セルの結合と分割

見出しのセルや共通する項目が入力されているセルは一つに繋げると見やすくなります。

一つのセルを後から分割することもできます。

セルを結合するには、結合したい複数のセルを選択し、［レイアウト］タブの［セルの結合］をクリックします。

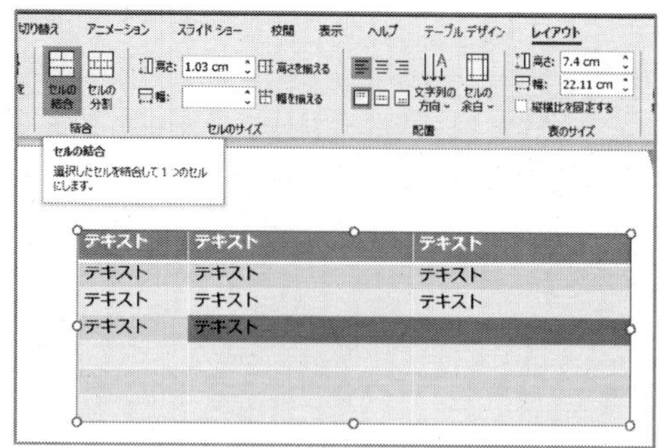

テキスト	テキスト	テキスト
テキスト	テキスト	テキスト
テキスト	テキスト	テキスト
テキスト	テキストテキストテキストテキストテキストテキスト	
	結合セル	

図表 5-8：セルの結合

セルを分割するには、分割したいセルを選択し、［レイアウト］タブの［セルの分割］をクリックします。

分割後の列数と行数を指定して［OK］ボタンを押します。

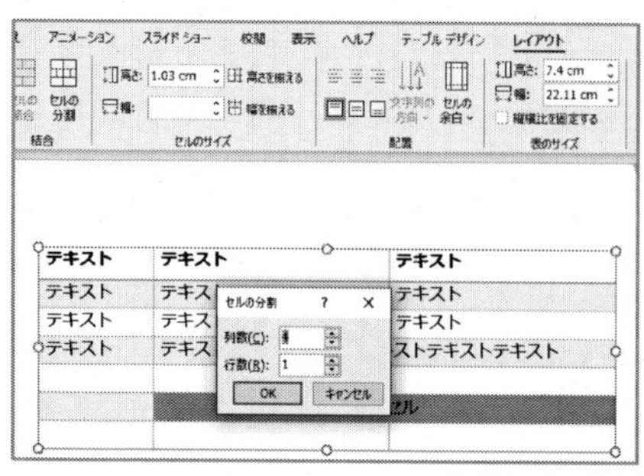

テキスト	テキスト		テキスト	
テキスト	テキスト		テキスト	
テキスト	テキスト		テキスト	
テキスト	テキストテキストテキストテキストテキストテキスト			
	セル	セル	セル	セル

図表 5-9：セルの分割

4．テキストの配置

表のセル内でテキストの配置を変更することができます。

表全体やセルを選択し、［レイアウト］タブの ≡≡≡ から選択しクリックします。

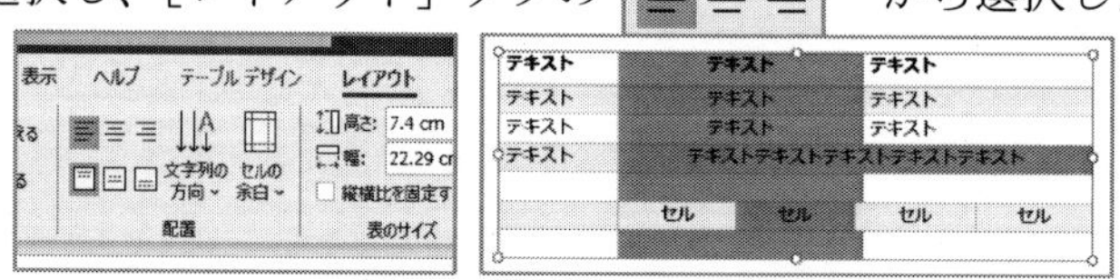

図表 5-10：テキストの配置

03 Excel の表を挿入する

表は PowerPoint 上で作成することもできますが、Excel の方が表作成は得意ですので、すでに作成してあるきれいな表を挿入することも可能です。

計算を伴うような表は Excel で作成した表を挿入する方が適しています。

Excel で作成した表をコピーし、PowerPoint に切り替え、スライドに貼り付けます。

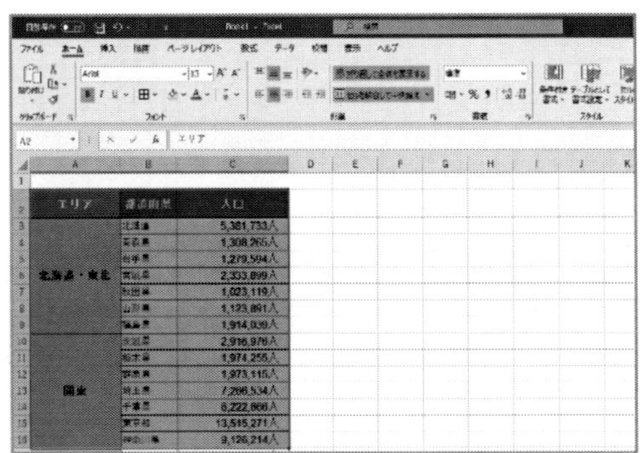

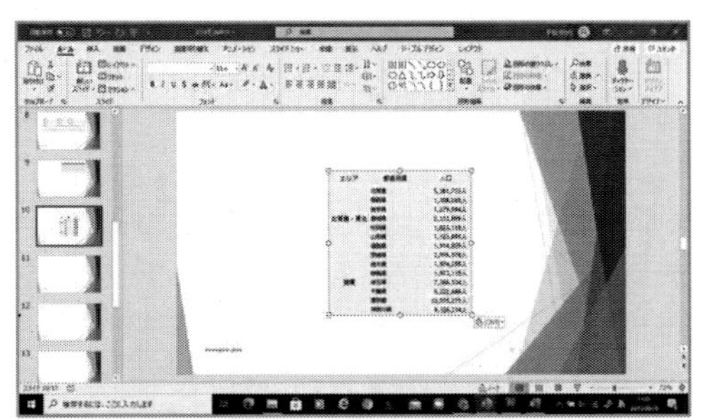

図表 5-11 : Excel の表挿入

貼り付けられた表は PowerPoint で作成した表と同様に編集ができます。

パワーポイントに設定されたデザインで貼り付けられますが、貼り付けた後に、元のエクセルの表デザインに変えることもできます。

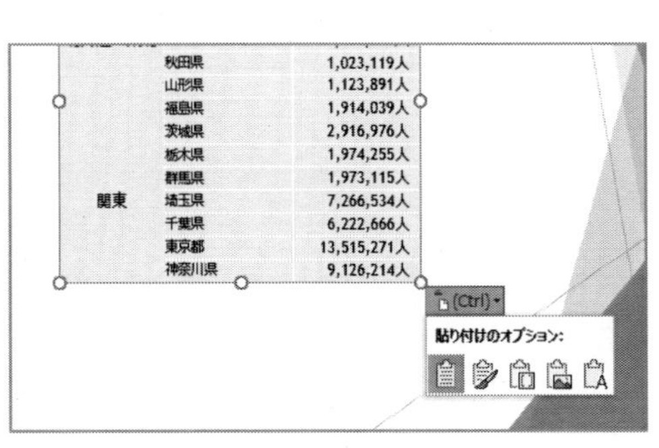

図表 5-12 : Excel の表デザインへの変更

04 グラフの作成

グラフを使うと、視覚的にわかりやすいスライドを作ることができます。
PowerPoint では、棒グラフや円グラフのほか、特殊なグラフを作成することもできます。

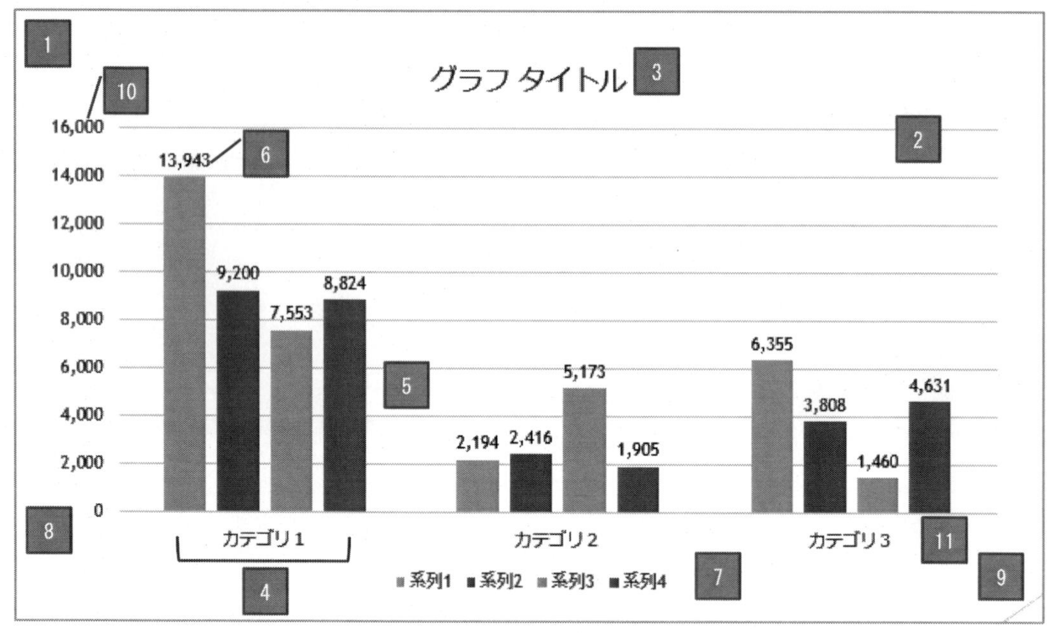

図表 5-13：グラフの構成要素

1.グラフエリア	グラフのタイトルや凡例を含むグラフ全体
2.プロットエリア	グラフの領域
3.グラフタイトル	グラフのタイトル
4.データ系列	表の一行または一列ごとのデータのまとまり
5.データマーカー	棒グラフの棒や折れ線グラフの線のような図形
6.データラベル	データマーカーの数値
7.凡例	データマーカーに対する名前
8.目盛線	グラフを見やすくするために引かれる線
9.軸ラベル	軸が意味するもの
10.縦（値）軸	グラフの数値を表すための縦線
11.横（項目）軸	グラフの項目を表すための横線

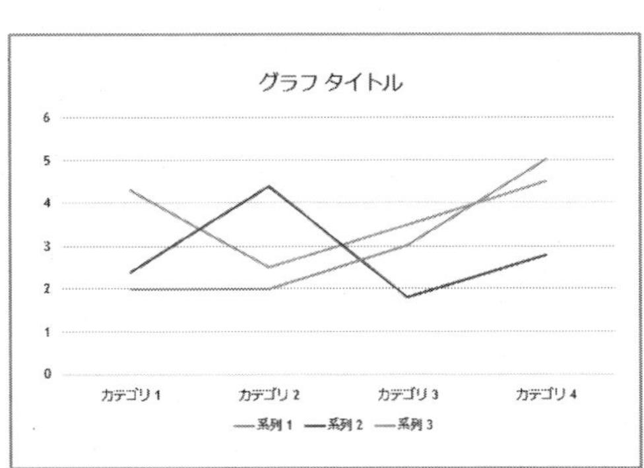

図表 5-14：折れ線グラフ

図表 5-15：円グラフ

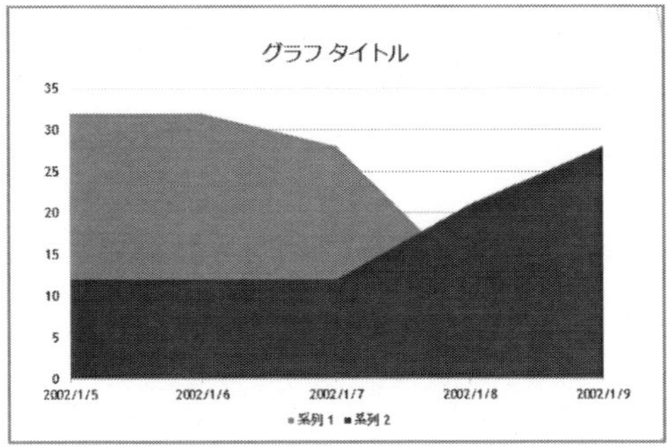

図表 5-16：面グラフ

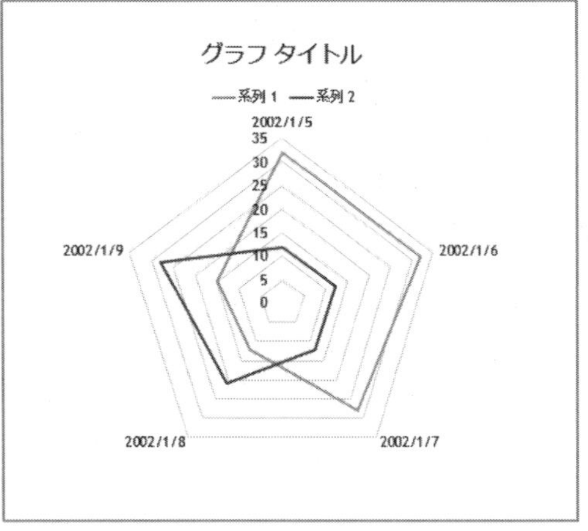

図表 5-17：レーダー

1.縦棒	一定期間内のデータが変化する様子や項目の比較を示します
2.折れ線	値の推移を時系列で示します
3.円	数値の合計を円で表し、データの割合を示します
4.横棒	個々の項目を比較して示します
5.面	数値を面で表し、時間の経過による合計値の変化を示します
6.散布図	データの分布や集合具合を示します
7.マップ	国や地域、都道府県別に値を表示します
8.株価	株価の変動を示す場合に利用します
9.等高線	二組のデータ間で最適な組み合わせを見つける場合に適しています
10.レーダー	複数のデータ系列の集計値を比較する際に利用します
11.ツリーマップ	矩形を組み合わせてデータの割合を示します
12.サンバースト	階層構造を持つデータの割合を示します
13.ヒストグラム	分布内での頻度を示します
14.箱ひげ図	データを四分位に分けてデータのばらつきを示します
15.ウォーターフォール	データが加算・減算されたときの変化を示します
16.じょうご	過程におけるデータの変化を示します

グラフを作成するには、グラフを挿入するスライドを選択し、コンテンツプレースホルダーのグラフのアイコンをクリックします。

表示されたグラフの挿入画面からグラフを選んで［OK］ボタンを押します。

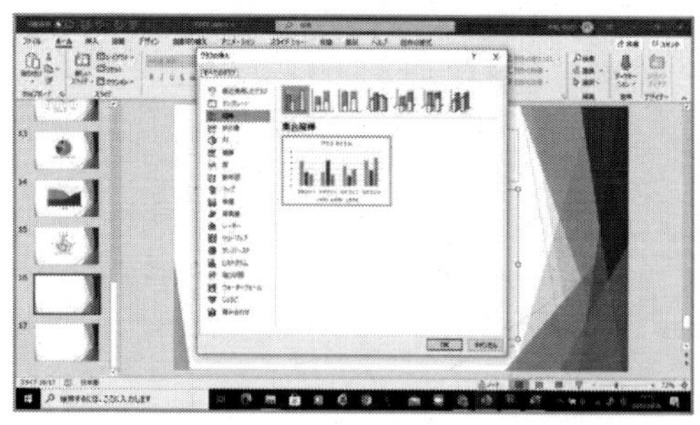
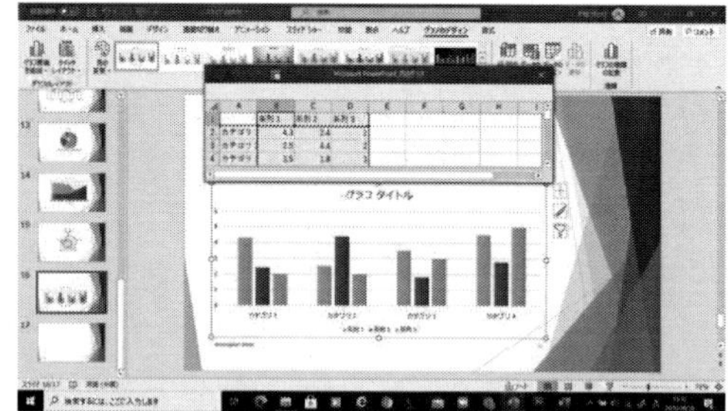

図表 5-18：グラフの挿入

05 データの編集

グラフを挿入したら、データの編集に進みます。

グラフを選択し、［デザイン］タブの［データの編集］をクリックすると、Excel のようなデータの編集画面が表示されます。

データの編集が完了したら、データ編集画面右上の［×］を押します。

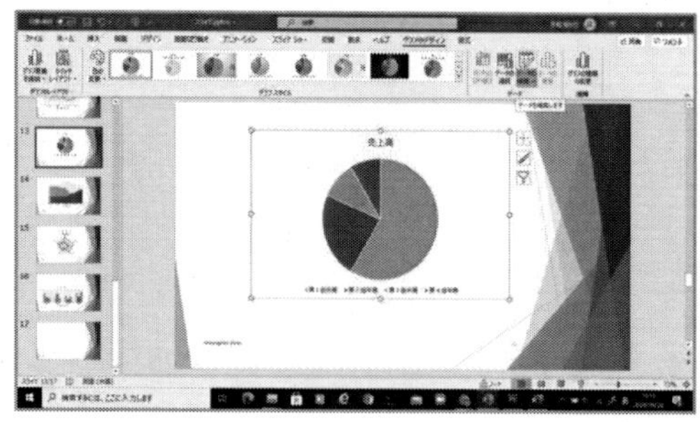
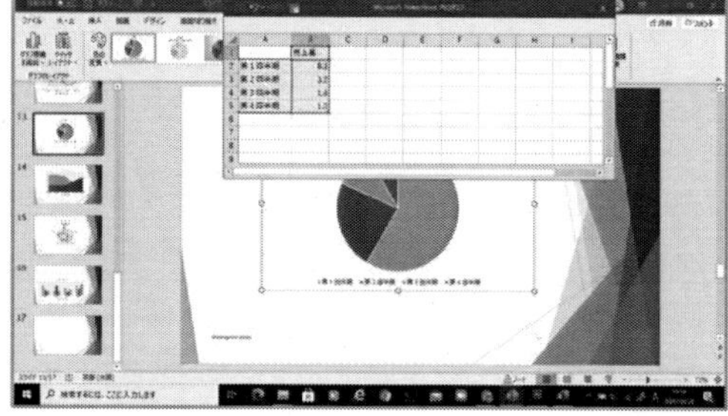

図表 5-19：グラフの編集

06 Excelからグラフを挿入する

表と同様に、Excelからグラフを挿入することも可能です。
基本的な操作は、Excelの表を挿入した時と同じです。

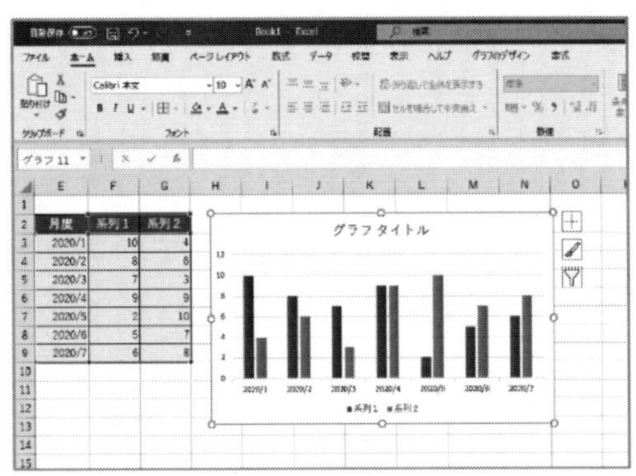

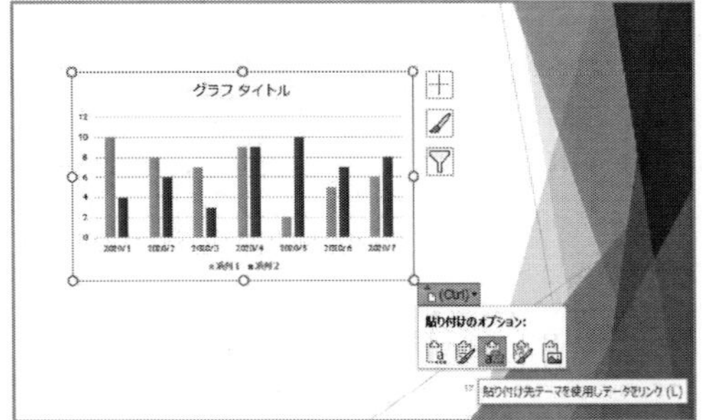

図表 5-20：グラフの編集

第 6 章

図形の作成

01 図形を描く

図形は文字では表現できない情報を視覚的に伝えることができるため、プレゼンテーションではとても有効です。

描くことのできる図形は円形や四角形のほか、吹き出しやフローチャート用の図形などたくさんの種類があります。また、図形は描いた後で他の図形に変更することもできます。

1. 図形を描く

［挿入］タブにある［図形］をクリックし、描きたい図形を選択します。

スライド上でドラッグし、希望サイズにします。

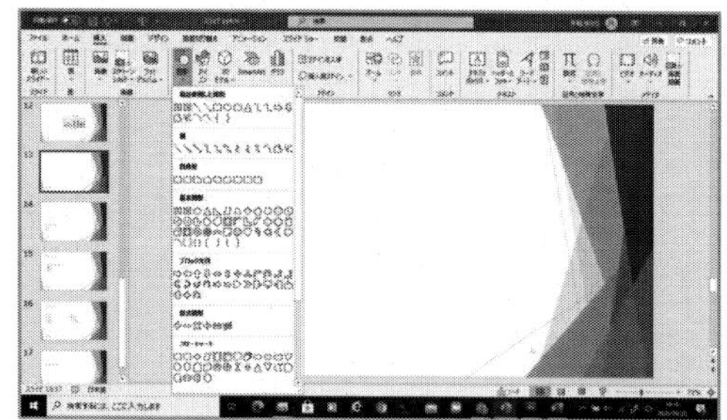

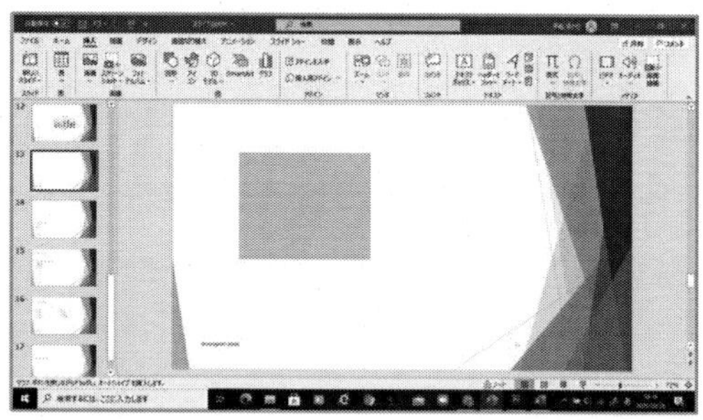

図表 6-1：図形を描く

2. 図形を変更する

変更したい図形を選択し、［書式］タブにある［図形の編集］から［図形の変更］をクリックし、図形を選択します。

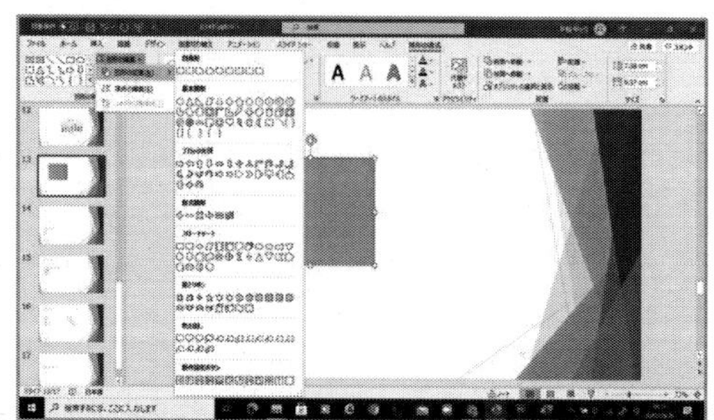

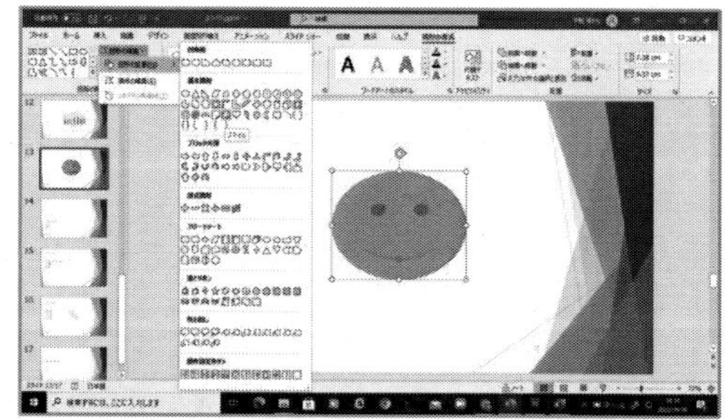

図表 6-2：図形を変更する

02 図形の書式設定

1. 図形の塗りつぶしを変更する

図形の色を変更するには図形を選択し、[書式] タブにある [図形の塗りつぶし] から目的の色を選択します。図形の色をなくし、枠線だけにすることもできます。

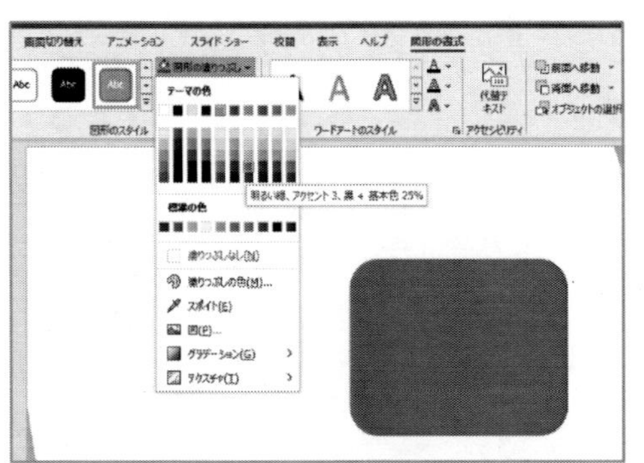

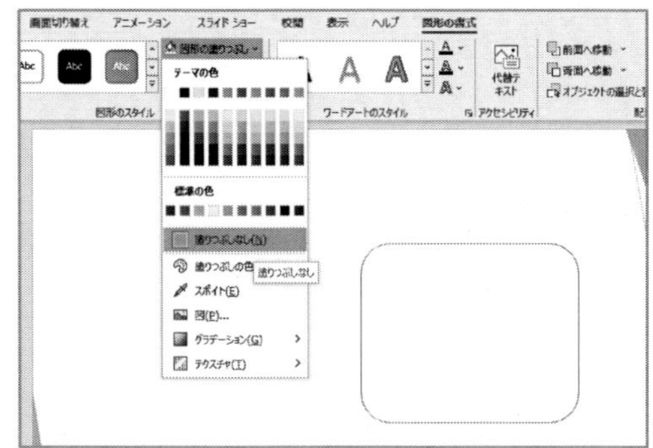

図表 6-3：塗りつぶしを変更する

2. 図形の枠線を変更する

図形の枠線を変更するには図形を選択し、[書式] タブにある [図形の枠線] から希望の色を選択します。図形の枠線色をなくすこともできます。

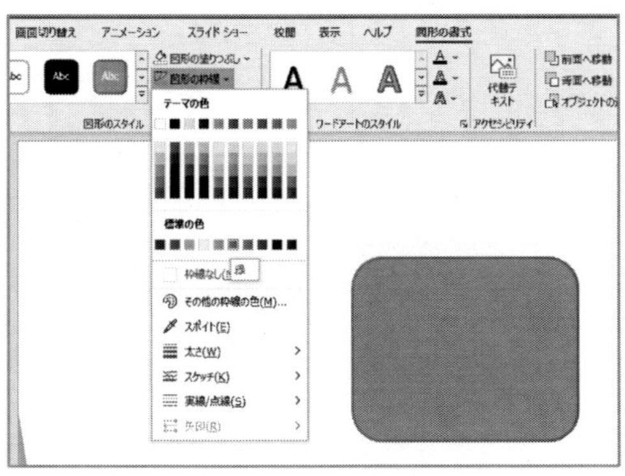

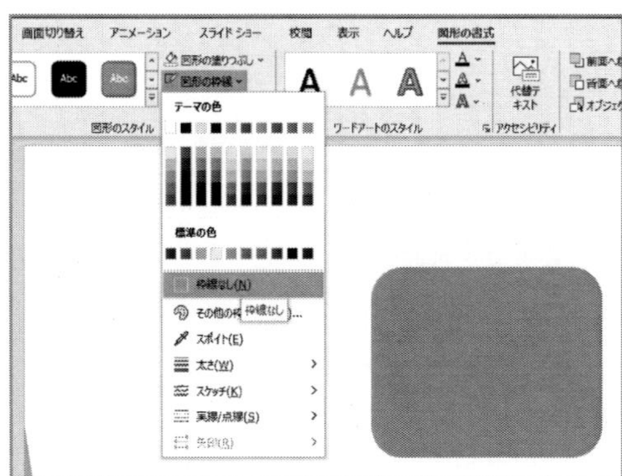

図表 6-4：図形の枠線を変更する

03 図形の整列と重なりの調整

図形の大きさや位置、使っている色味が整っていると見やすくなります。また、図形の重なりを調整して、複雑な図形を作ることもできます。

1. 図形の整列

整列させたい図形を選択し、［書式］タブにある［配置］の一覧から揃え方を選びます。

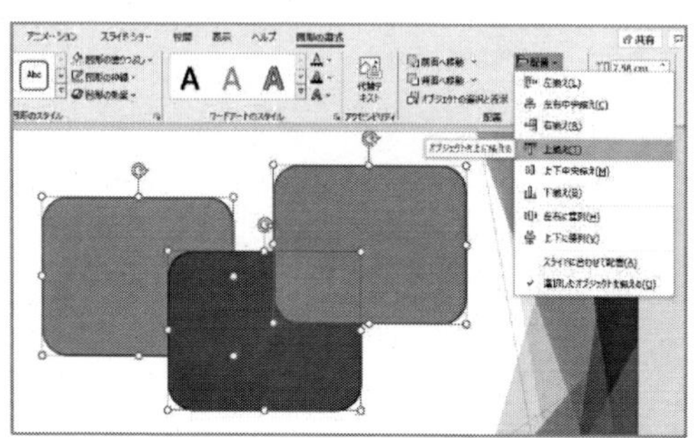

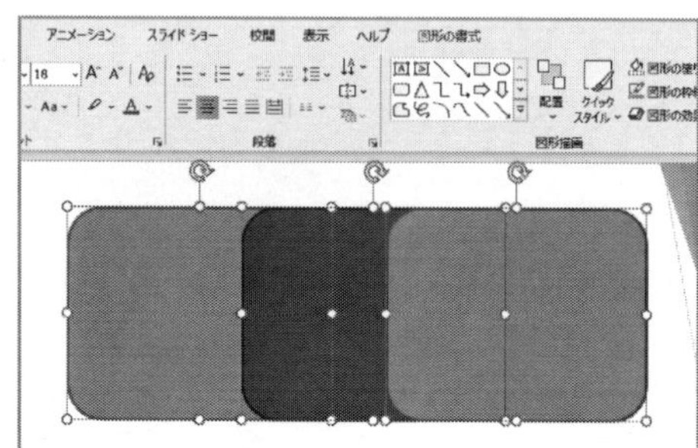

図表 6-5：図形の整列

2. 図形の重なりの調整

重なりの順番を変えたい図形を選択し、［書式］タブの一覧から選択します。
前面、最前面、背面、最背面が選べます。

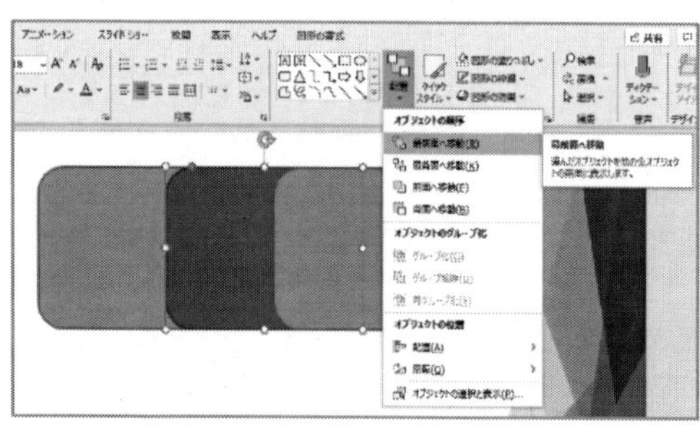

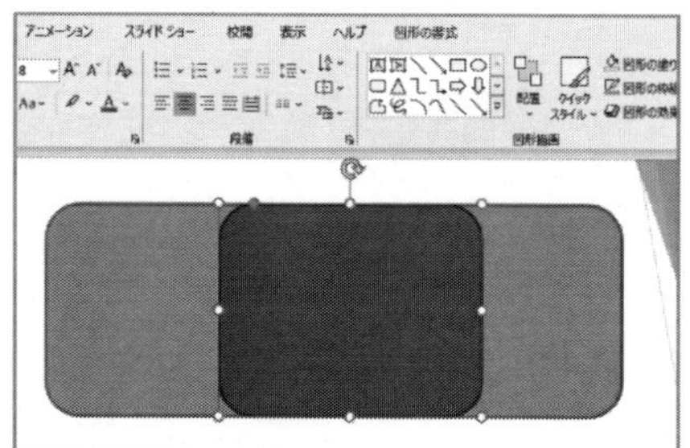

図表 6-6：図形の重なりの調整（最前面を選択した場合）

04 図形に文字を入れる

図形には文字を入れることができます。吹き出しに文字を入れる場合には図形を選択し、ダブルクリックするとカーソルが表れ、キーボードで文字を入力します。

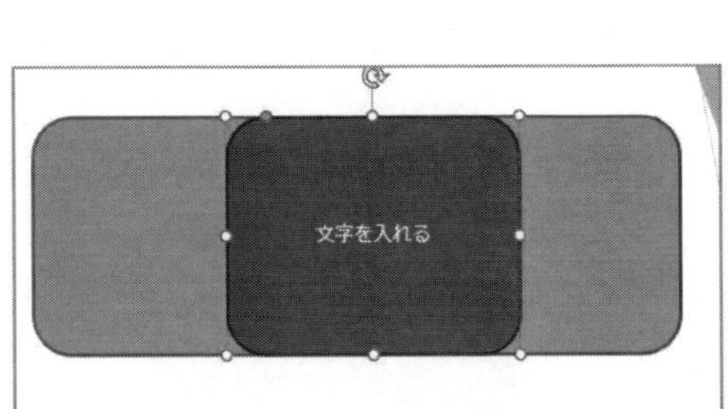

図表 6-7：図形への文字入れ

05 大きさの変更

図形を選択すると、「サイズ変更ハンドル」が表示されます。

図形の大きさを変えたい場合は、サイズ変更ハンドルにマウスを合わせてドラッグすると拡大縮小ができます。

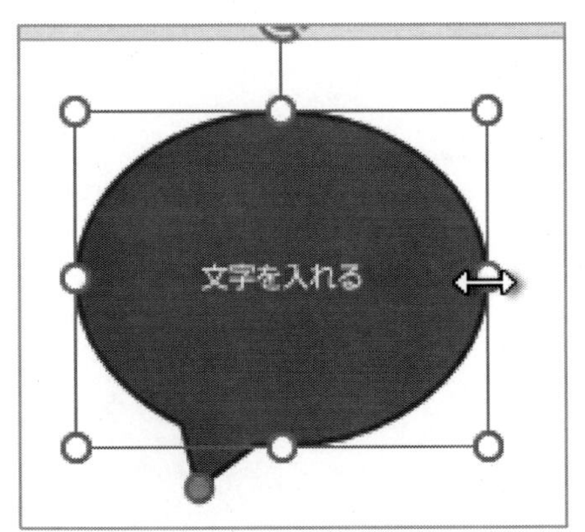

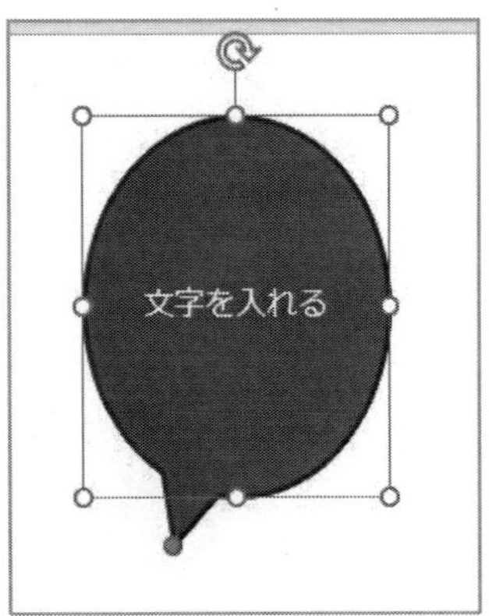

図表 6-8：大きさの変更

06 回転、反転

図形は任意の角度に回転をさせたり、反転をさせたりすることができます。
反転とは、位置や向きを鏡に映したように反対にさせることです。
回転をさせるには、図形をクリックし「回転ハンドル」を表示させドラッグで調整します。

図表 6-9：図形の回転

90 度単位で回転させたい場合は、図形をクリックしてから［書式］タブにある［回転］から右へ（左へ）90 度回転を選択します。

反転させる場合は、回転と同様に［書式］タブにある［回転］から上下反転や左右反転を選択します。

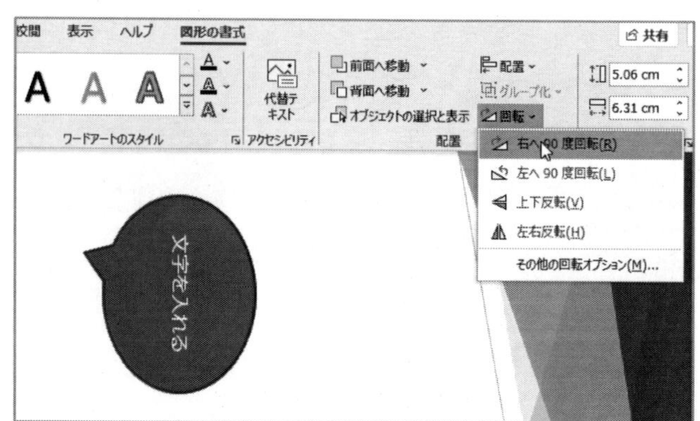

図表 6-10：90 度単位の回転

第 7 章

写真や画像の挿入

01 写真や画像を挿入する

プレゼンテーションに写真や画像を入れることは表や図形同様に効果的です。

写真や画像を挿入するには、［挿入］タブにある［画像］をクリックし、挿入したい写真や画像を選択します。

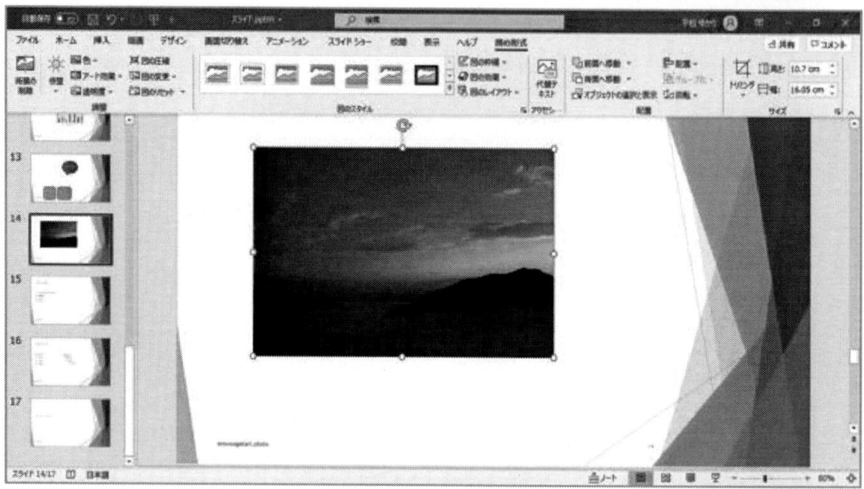

図表 7-1：写真の挿入

挿入した写真や画像は、図形と同様にサイズ変更も行えます。

02 写真のトリミング

1．不要な部分をトリミングする

写真で不要な部分を取り除くことをトリミングといいます。

トリミングは写真を選択し、［書式］タブにある［トリミング］の下にある▼をクリックしてトリミングを選ぶと、トリミング用のハンドルが表示され、表示範囲が調整できます。

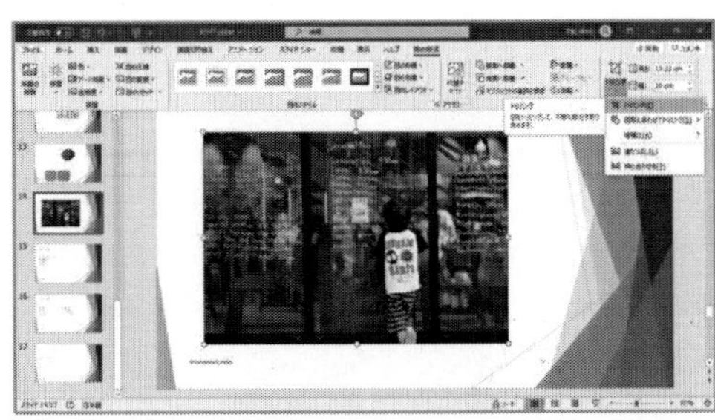

図表 7-2：不要な部分のトリミング

2．図形に切り抜く

写真や画像は図形に切り抜くこともできます。

切り抜く図形を選択し、［書式］タブにある［トリミング］の下にある▼をクリックして［図形に合わせてトリミング］から切り抜きたい図形を選択します。

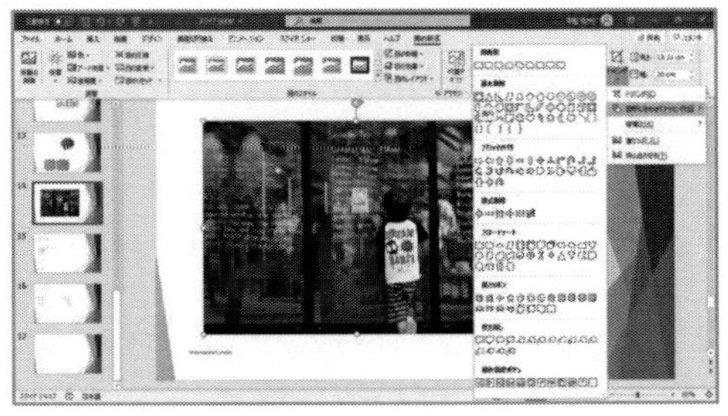

図表 7-3：図形に切り抜く

03 背景の透明化

写真や画像によっては、トリミングだけではなく背景を透明にすることが必要となる場合もあります。特に、人物だけをスライドに表示させたい場合には透明化が有効です。

背景を透明にするには、写真や画像を選択し、［書式］タブにある［背景の削除］をクリックします。その後、削除される部分が自動的に選択されますので、［保持する領域としてマーク］と［削除する領域としてマーク］を使って、削除する部分を調整します。

調整が完了したら、［変更を保持］をクリックして透明化を完了します。

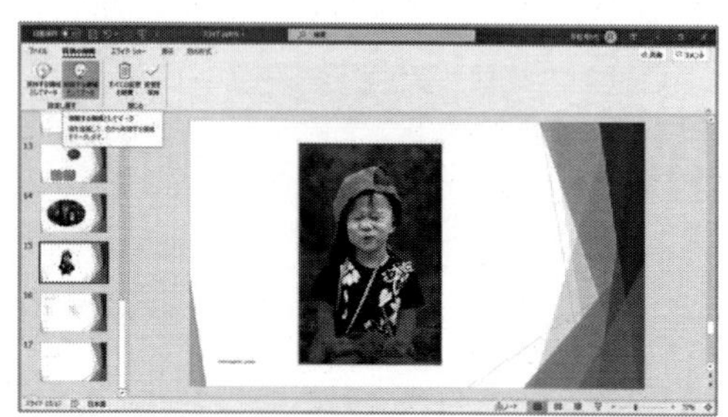

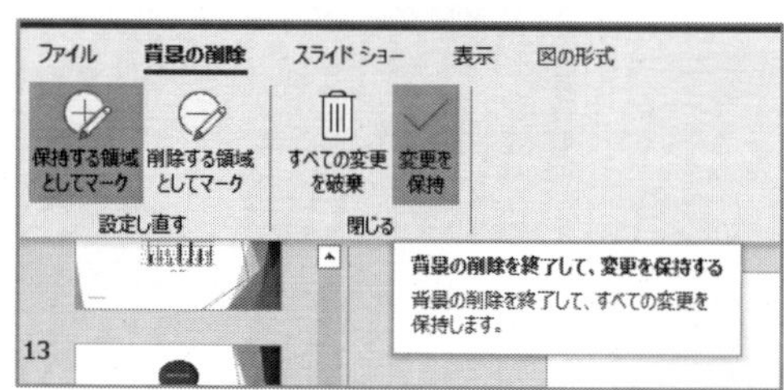

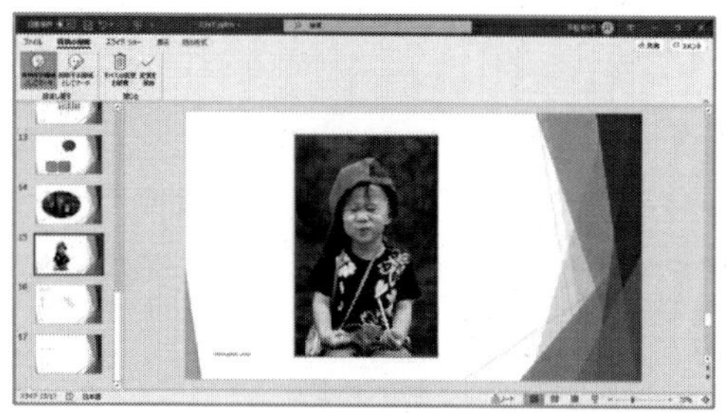

図表 7-4：背景の透明化

第 8 章

スライドに動きをつける

01 アニメーション効果

プレゼンテーションの方法として、印刷物を使って説明するような場合もあれば、スクリーンに投影してスライドショーを行うこともあります。

スライドにアニメーションの効果を入れることで興味が高まるスライドショーになります。

1．アニメーション効果の設定

スライドにアニメーションを追加するには、プレースホルダーを選択し、[アニメーション]タブのアニメーション効果の一覧から効果を選択します。

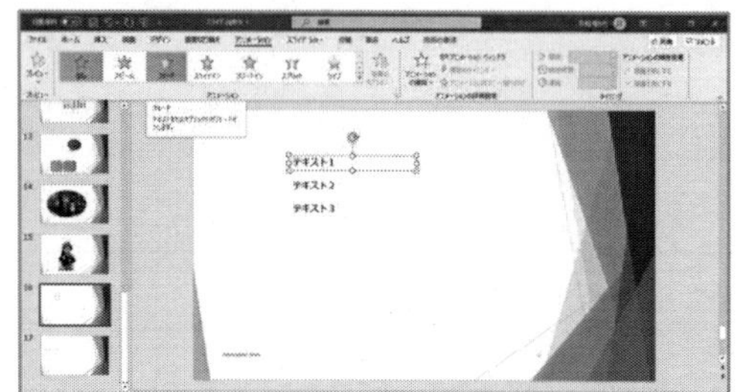

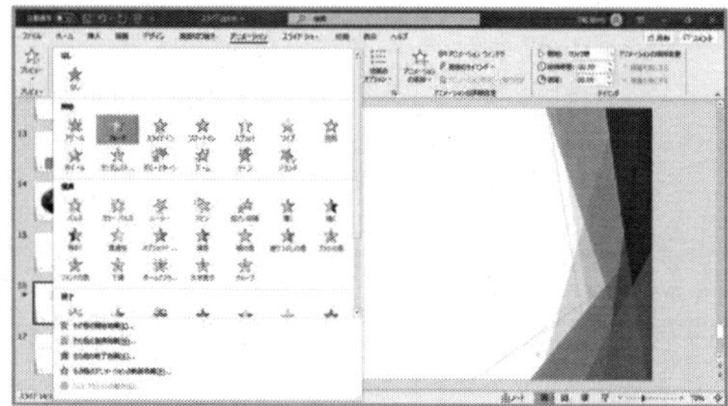

図表 8-1：アニメーション効果の設定

2．オプション設定の変更

アニメーション効果を設定したプレースホルダーを選択し、[アニメーション] タブの [効果のオプション] を選択すると、動き方を変更することができます。

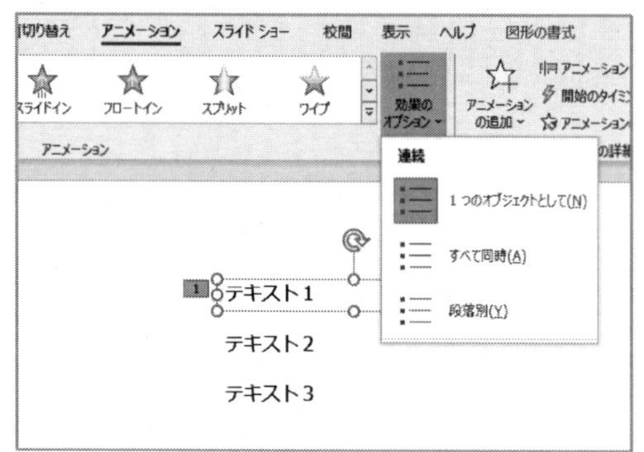

図表 8-2：オプション設定

2. すべてのスライドへの適用

すべてのスライドにまとめて適用するには、画面切り替え効果がすでに設定されているスライドを選択し、[画面切り替え] タブの [すべてに適用] をクリックします。

図表 8-7：すべてのスライドへの適用

04 複数のアニメーションの同時実行

複数のプレースホルダーや画像で同時にアニメーションを実行する場合は、[アニメーション] タブの [タイミング] にある開始の項目で「直前の動作と同時」を選択します。

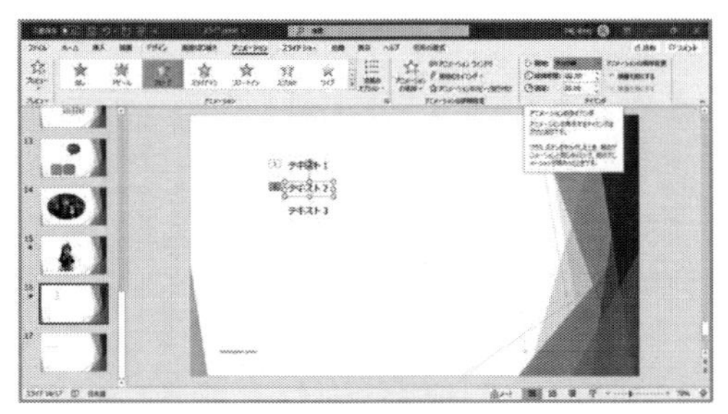

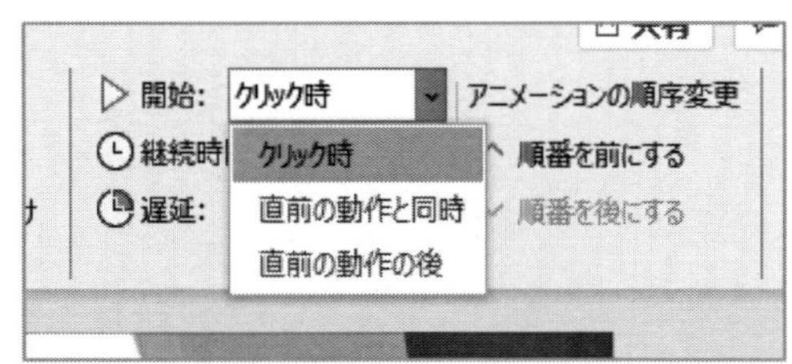

図表 8-8：アニメーションのタイミング設定

複数のアニメーションに変更がある場合は、[アニメーション] タブにある [アニメーションウィンドウ] を押して、ウィンドウを表示させると時系列でアニメーションの流れがわかります。

順番を入れ替えたい場合には、このウィンドウ上で項目をドラッグし、順番を並び替えます。

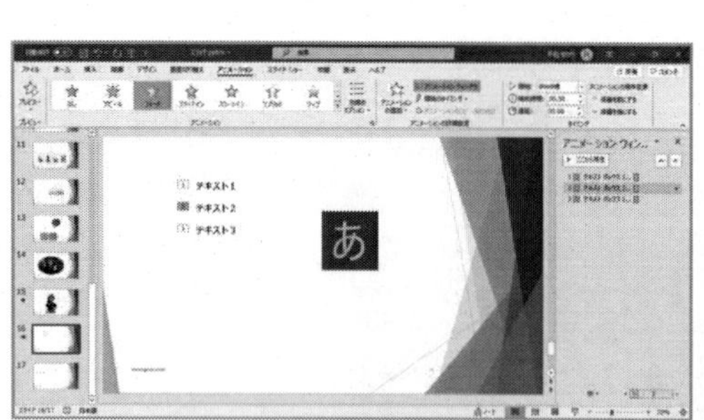
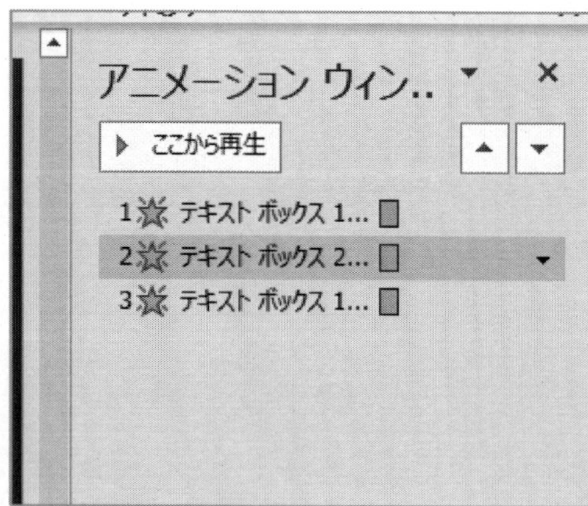

図表 8-9：アニメーションの順番の並び替え

第 9 章

スライドショーの実行

01 非表示スライドの設定

スライドショーを行う際に、発表時間に合わせて不要なスライドは非表示スライドとして指定することができます。

1. 非表示スライドを設定する

非表示スライドを設定するには、スライドショーで使わないスライドを選択し［スライドショー］タブの［非表示スライドに設定］をクリックします。

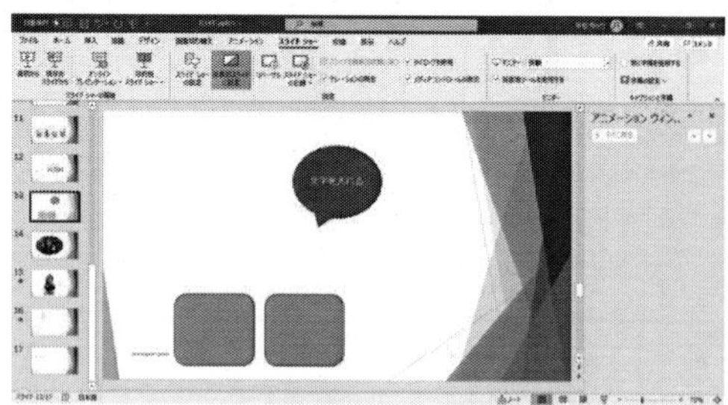

図表 9-1：非表示スライドの設定

2. 非表示スライドを再表示する

非表示スライドを再表示するには、非表示設定を解除したいスライドを選択し、［スライドショー］タブの［非表示スライドに設定］をクリックします。

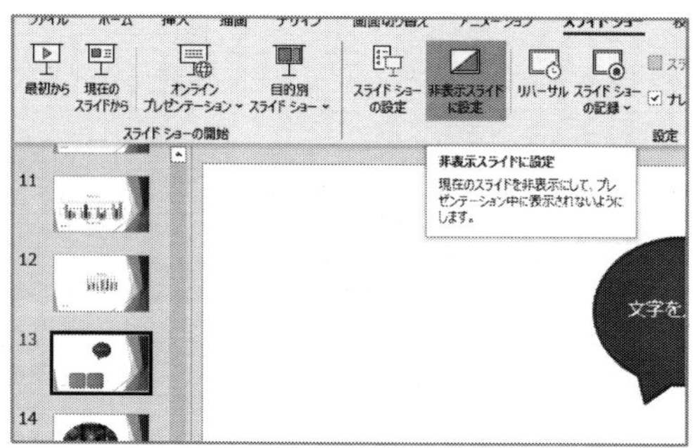

図表 9-2：非表示スライドを設定するボタン

02 ノートの作成

ノートには、スライドの発表にあたってのメモを書き入れることができます。

要点だけを箇条書きで入れる等、ここに書いてある文章を読み上げることがないように注意して記載をします。

1. 表示モードの切り替え

ノートを入力するには、［表示］タブの［ノート］をクリックします。

標準モードでノートを表示するには、ステータスバーの［ノート］をクリックします。

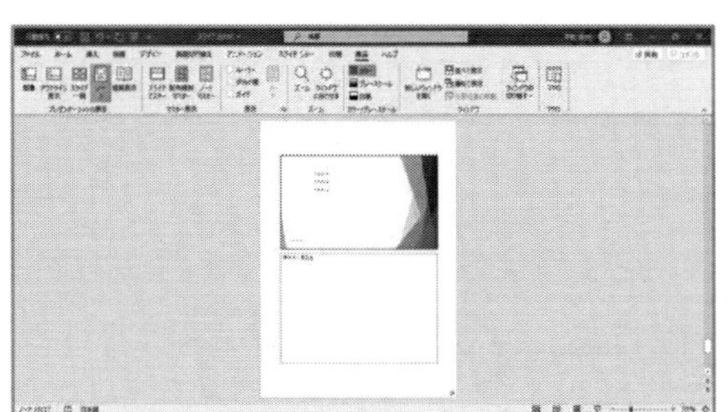

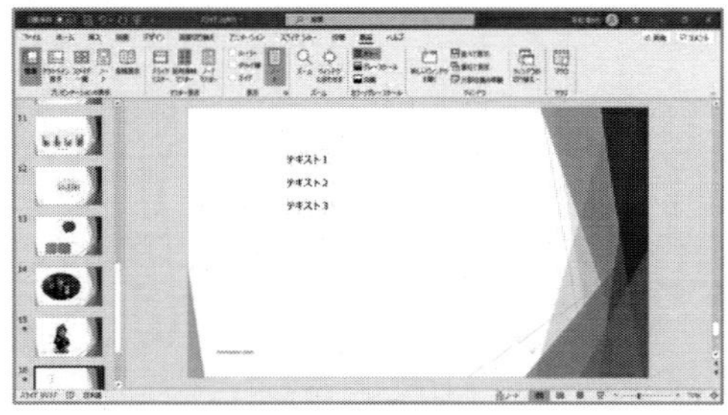

図表 9-3：ノート表示

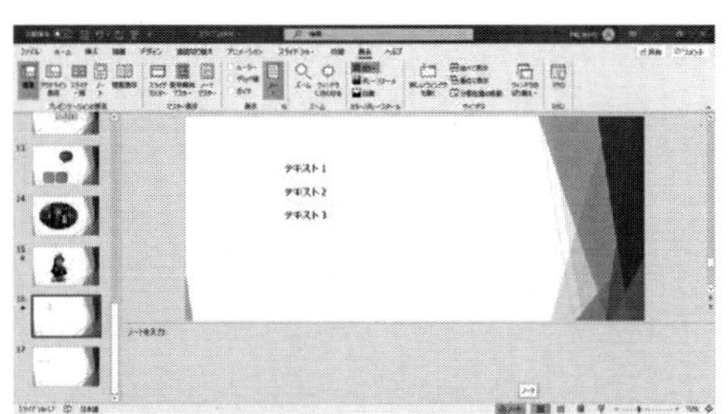

図表 9-4：標準モードのノート表示

2．ノートにメモを記入

「テキストを入力」と書かれている部分をクリックすると、カーソルが表示され文字が入力できるようになります。

［表示］タブの［標準］を押すと、標準モードの表示に戻ります。

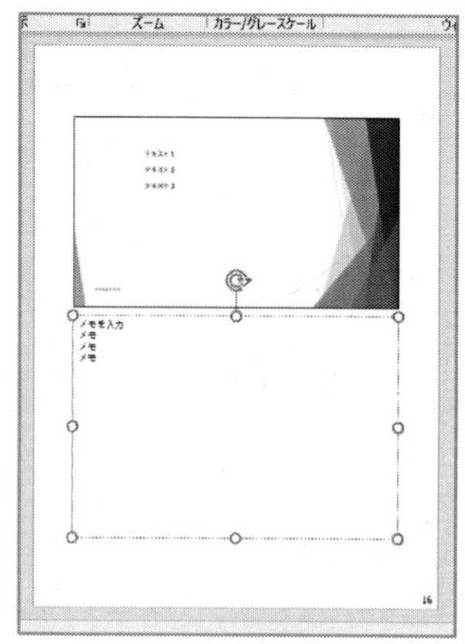

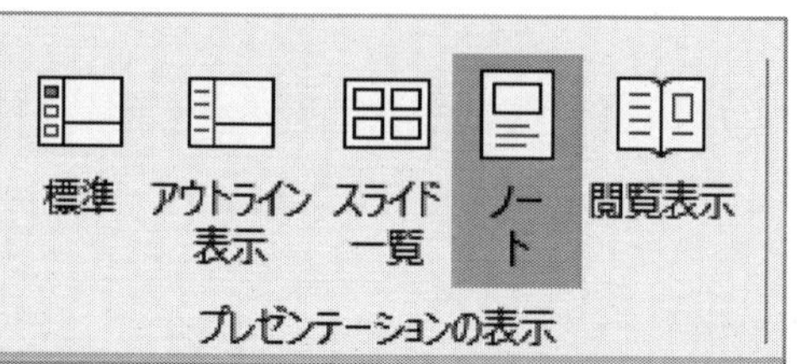

図表 9-5：メモの入力

03 スライドショーの実行

スライドショーを実行すると、パソコンの画面いっぱいにスライドが表示されます。

スライドの切り替えはマウスのクリックやキーボードの上下左右キーで行うことができます。

スライドショーを実行するには、［スライドショー］タブの［最初から］をクリックします。また、ページの途中からスライドショーを実行したい場合には、スライドを実行したい途中のスライドを選択し、［現在のスライドから］をクリックします。

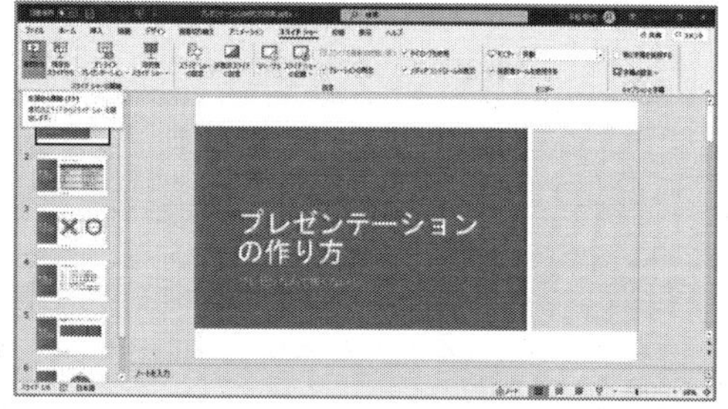

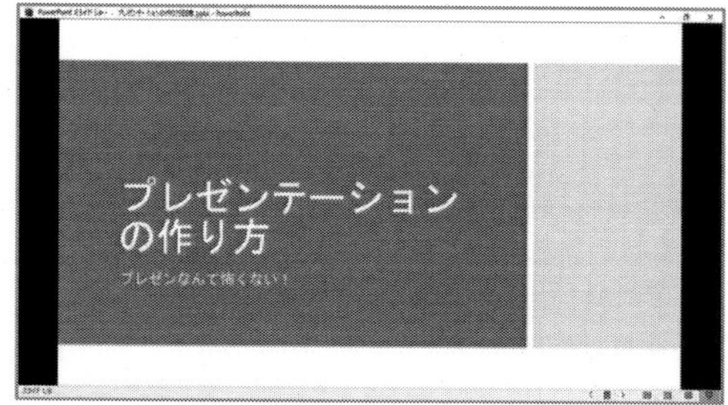

図表 9-6：スライドショーの実行

04 発表者ビュー

スライドショーをスクリーンに投影するような場合、自分のパソコンでは発表者用の画面を使うことができます。

発表者ビューでスライドショーを行うには、[スライドショー] タブで [発表者ツールを使用する] にチェックを入れた状態でスライドショーを実行します。

05 スライドの印刷

発表の際にはスライドを印刷したものを資料として配布すると、発表の内容を理解してもらいやすくなる場合もあります。ただし、スライドショーで発表をする場合には、事前に資料を配布してしまうと、資料のみに集中しスライドショーを見てもらえないので事後に資料を渡すなどの工夫が必要です。

1. スライドを一枚ずつ印刷する

[ファイル] タブから [印刷] を選択し、プリンターや部数を選択して [印刷] ボタンを押します。

2. 複数のスライドを一覧で印刷する

複数のスライドを一覧で印刷する場合には、印刷の設定項目にある [スライド設定] で「フルページサイズのスライド」の▼をクリックし、目的のレイアウトを選択して [印刷] ボタンを押します。

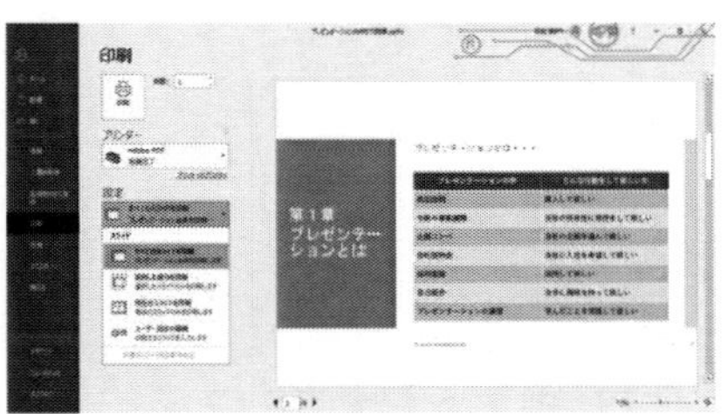

図表 9-7：スライドの印刷

３．メモ書き用の罫線つきの印刷をする

メモ書き用の罫線をつけて印刷する場合は、印刷時レイアウトで「配布資料（３スライド）」を選択します。

４．ノートを印刷する

ノートをつけて発表者用の資料を印刷する場合は、印刷時レイアウトで「ノート」を選択します。

第１０章

スライドの配布

01 PDF の作成

スライドはPDFとして保存することができます。PDFで保存をすると、PowerPointがインストールされていないパソコンでもスライド資料を見ることができます。

［ファイル］タブを表示し、メニューから［エクスポート］を選択します。

続いて、［PDF/XPS ドキュメントの作成］をクリックし、［PDF/XPS の作成］のボタンを押します。

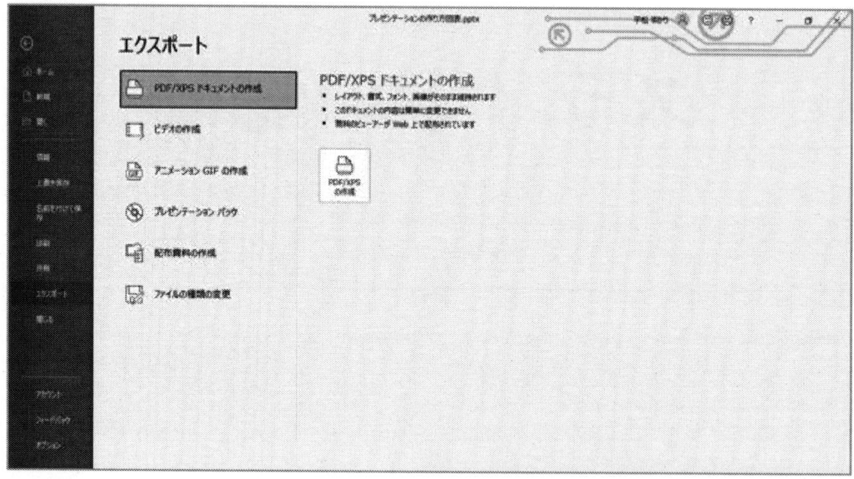

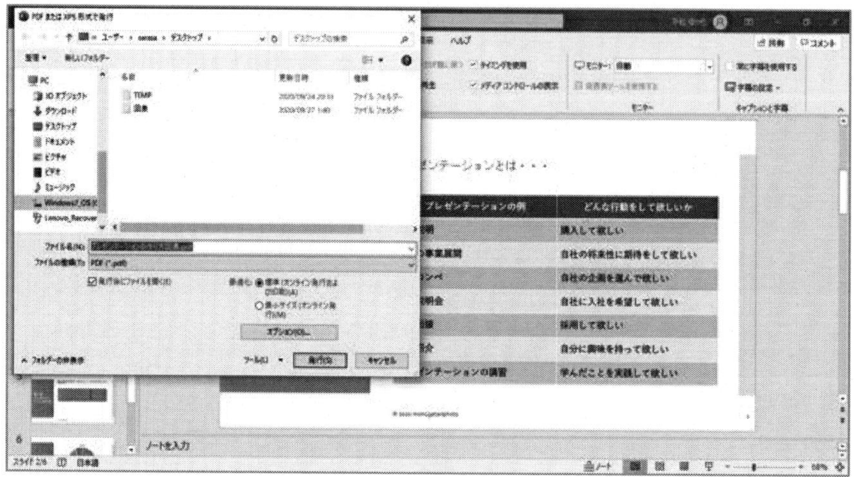

図表 10-1：PDF の作成

02 Word 文書への変換

スライドは Word 文書として保存することもできます。
［ファイル］タブを表示し、メニューから［エクスポート］を選択します。
続いて、［配布資料の作成］をクリックし、［配布資料の作成］のボタンを押します。
レイアウトを選択し、［OK］ボタンを押して完了です。

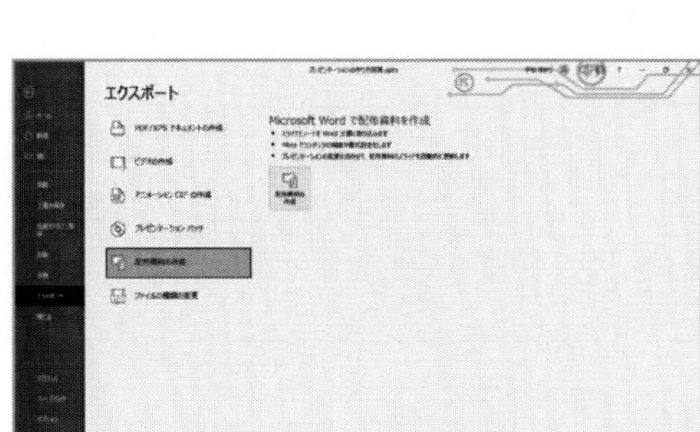

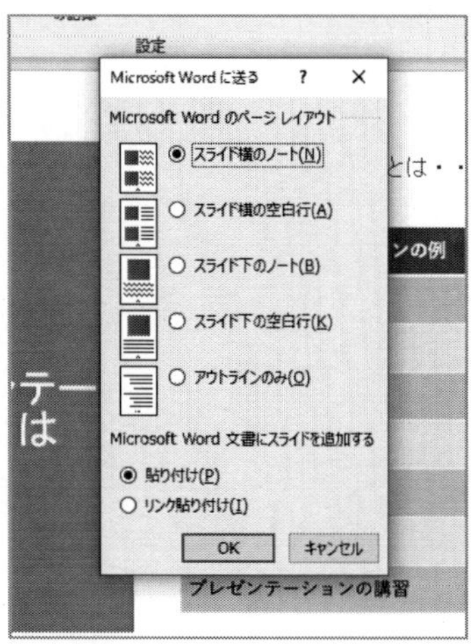

図表 10-2：Word 文書に変換

第１１章

応用テクニック

01 テンプレート・素材の利用

スライドを作るにあたり、テンプレートを利用することは時間短縮や色味の統一に役立ちます。

テンプレートは、ファイルの新規作成時に標準で入っているテンプレートもあれば、インターネットからダウンロードできるテンプレートも数多くあります。必要に応じて、テンプレートや素材を活用するようにしましょう。

なお、インターネットからダウンロードするにあたり、著作権の侵害がないように、利用規約は確認するようにしてください。

02 ショートカットキー

ショートカットキーとは、キーボードを使って操作を簡単に行うための機能です。キーボードから手を離してマウス操作を行う必要がなくなることから、効率よく作業を行うことができます。

ここでは、PowerPoint でよく使うショートカットキーの一部を紹介します。

操作キー	機能
Ctrl + C	テキストやオブジェクト、スライドなどをコピーします
Ctrl + V	テキストやオブジェクト、スライドなどを貼り付けます
Ctrl + S	ファイルを保存します
Ctrl + X	テキストやオブジェクト、スライドなどを切り取ります
Ctrl + G	複数のオブジェクトをグループ化します
Ctrl + Shift + G	グループ化を解除します
Ctrl + A	全てを選択します
Ctrl + Shift + C	書式をコピーします
Ctrl + Shift + V	書式を貼り付けます
Ctrl + P	印刷します
Ctrl + F	文字列を検索します

03 ファイルサイズを小さくする

ファイルをメールで送る等、ファイルサイズを小さくする必要がある場合には、画像の最適化やトリミングデータの削除を行うことで、ファイルサイズをある程度小さくすることができます。

画像や図形が多く用いられているようなファイルには、ファイルサイズを小さくするといっても限界がありますので、ファイルサイズを小さく作成する必要がある場合は画像や図形の使いすぎに注意してください。

図や画像を選択した状態で、［書式］タブの［図の圧縮］ボタンを押し、設定画面を表示させ、調整したい項目にチェックを入れ、［OK］ボタンを押します。

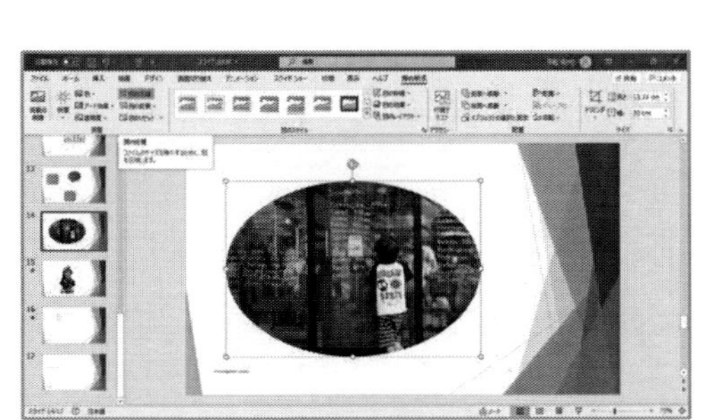

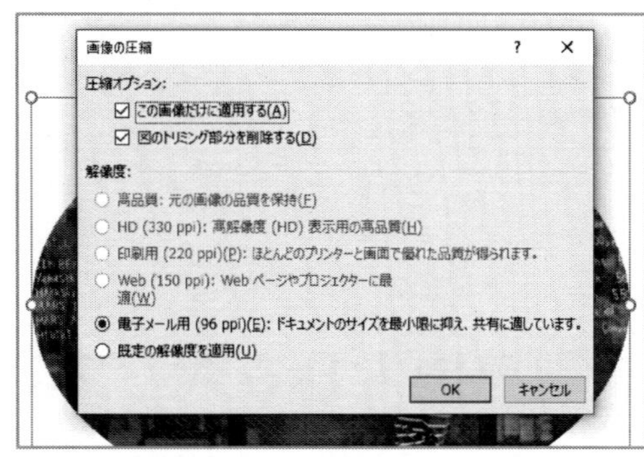

図表 11-1：ファイルサイズを小さくする

著者紹介

祢々（ねね）

ものがたり写真家・パソコンサポート・zoom 職人

ものがたり PHOTO 代表

一般社団法人 オンラインミーティング推進協会 理事

ものがたり写真家としての活動の傍ら、パソコンインストラクターとして、小学生からシニアまで老若男女問わず 20 年以上の指導経験を持つ。

コロナ禍において、zoom をはじめとするオンラインミーティングの需要の高まりにより、一般社団法人 オンラインミーティング推進協会の設立に関わり、理事としても活動している。

職業訓練法人Ｈ＆Ａ　プレゼンテーションの作成

2021年4月1日　初版発行
2023年4月1日　第三刷発行

著者　**祢々**

発行所　職業訓練法人Ｈ＆Ａ
〒472-0023　愛知県知立市西町妻向14-1
TEL 0566(70)7766
FAX 0566(70)7765

発　売　株式会社　三恵社
〒462-0056　愛知県名古屋市北区中丸町2-24-1
TEL 052(915)5211
FAX 052(915)5019
URL http://www.sankeisha.com

乱丁・落丁の場合はお取替えいたします。
ISBN978-4-86693-420-4